TABLE DES MATIÈRES

NOTE AUX PARENTS

L'Union astronomique internationale, lors de son congrès en août 2006, a décidé de reclasser Pluton en planète naine plutôt qu'en planète. Mais de nombreux planétologues contestent cette validité scientifique et réclament qu'une autre définition, plus appropriée à Pluton, soit trouvée. De ce fait, nous avons volontairement conservé le statut de planète à Pluton, en attendant les conclusions définitives.

ISBN : 978.2.215.09626.9

Dépôt légal à la date de parution.
Conforme à la loi n° 49-956 du 16 juillet 1949
sur les publications destinées à la jeunesse.
Imprimé en Italie. (03/08)

Photogravure : Coloriane

Nous remercions : - Isabelle Duvaux-Béchon du Bureau des Projets Éducatifs de l'Agence Spatiale Européenne (ESA), pour sa collaboration - Les enfants du club Apollo (Paris 15e) et la classe de CE2 de l'école Saint-Exupéry de Villennes-sur-Seine.

L'ESPACE

Conception :
Émilie Beaumont

Textes :
Christine Sagnier

Images :
Pierre Bon - Isabelle Rognoni

FLEURUS

GROUPE FLEURUS, 15-17 rue Moussorgski 75018 PARIS
www.editionsfleurus.com

L'Univers

- *L'Univers contient tout ce qui existe, la Terre, les planètes, le Soleil, les étoiles, les galaxies... Bref, l'Univers, c'est tout.*
- *Dans l'Univers, les distances sont astronomiques. La Terre est à environ 384 000 km de la Lune. Quant au Soleil, il se trouve à 149 600 000 km de nous.*
- *L'Univers grandit toujours. Il est comme un ballon que l'on gonfle sans cesse et dont les parois se dilatent. Plus elles se dilatent, plus l'espace à l'intérieur du ballon grandit. Plus l'espace grandit, plus les corps célestes s'éloignent les uns des autres.*

Comment l'Univers a-t-il été créé ?

Tout commence il y a environ 15 milliards d'années. Il faut imaginer l'Univers pas plus gros qu'un œuf. À l'intérieur, il y a plein d'énergie et de chaleur. L'œuf grandit, et l'énergie se multiplie. On dirait une potion qui bouillonne. L'œuf continue

de gonfler, la potion bouillonne toujours. Mais, avec le temps qui passe, la température de la potion baisse et de gros grumeaux se forment : ce sont des nuages de gaz qui se rassemblent. Au bout de 2 milliards d'années, ces grumeaux gazeux vont donner naissance aux étoiles et aux galaxies.

Pourquoi y a-t-il le vide dans l'espace ?

Sur Terre, le vide n'existe pas. L'atmosphère qui enveloppe notre planète est remplie de gaz. Mais, dans l'espace, il y a beaucoup de vide. Quand l'Univers s'est créé, les grains de matière se sont petit à petit regroupés en étoiles, planètes, galaxies, en laissant du vide entre eux. Le vide permet aux astres de tourner librement les uns autour des autres. Ainsi, si la Lune tournait dans l'atmosphère, elle se frotterait à la matière et il y a longtemps qu'elle serait tombée sur la Terre. Toutefois, il reste toujours des poussières dans l'espace. Le vide n'y est pas total.

Comment était-ce avant le big bang ?

Selon la théorie du big bang, il n'existait rien du tout avant. Pas même le temps. Incroyable, non ? Avec cette théorie, il est inutile de se demander ce qui s'est passé avant la création de l'Univers : comme le temps n'existait pas, le mot « avant » n'a pas de sens. Malin, quand on ne veut pas donner sa langue au chat.

Personne ne sait vraiment quand a eu lieu le big bang. Les astronomes hésitent entre 10 et 20 milliards d'années !

Pourquoi dit-on le big bang ?

Parce que, chez les astronomes comme ailleurs, il y a des esprits moqueurs.

Lorsque Georges Lemaître annonce sa théorie de la création de l'Univers, des confrères pas très charitables s'amusent à ridiculiser l'idée d'un concentré de matière qui se serait soudain mis en mouvement sous l'effet d'une énorme explosion : boum ! ! ! (bang.)

INCROYABLE !

- L'étoile la plus proche de la Terre, à part le Soleil, se situe à 42 000 milliards de kilomètres. Vu la distance, sa lumière met environ 4 ans pour nous parvenir. On dit qu'elle est à environ 4 années-lumière de la Terre.

Pourquoi les étoiles ne brillent-elles pas toutes du même éclat ?

Cela dépend de leur distance par rapport à la Terre et aussi de leur taille. Les plus éloignées sont généralement les moins brillantes.

Pourquoi appelle-t-on notre galaxie la Voie lactée ?

Parce qu'on la reconnaît à sa large traînée blanchâtre comme le lait qui se dessine dans le ciel.

Pourquoi fait-il si sombre dans l'espace ?

Parce qu'il n'y a rien pour disperser les rayons lumineux du Soleil. C'est grâce à l'atmosphère et aux gaz qu'elle contient que nous avons un ciel si bleu !

Pourquoi les trous noirs avalent-ils tout ce qui passe à leur portée ?

Si les trous noirs ressemblent à des aspirateurs géants, c'est parce qu'ils possèdent un pouvoir d'attraction si puissant que rien ne peut leur résister, même pas la lumière.

Pourquoi y a-t-il des constellations ?

Si les hommes ont eu l'idée de donner des noms aux constellations, c'est-à-dire aux formes que dessinent les étoiles dans le ciel, c'est pour avoir des repères dans l'espace afin de connaître leur position sur la terre et surtout sur la mer. Autrefois, c'était bien pratique pour les marins.

Pourquoi les galaxies ont-elles des formes si différentes ?

C'est vrai que les galaxies ont des formes très variées. Il y a les galaxies en spirale, comme la Voie lactée, qui, vue par la tranche, ressemble à deux œufs sur le plat collés dos à dos. Il y a les galaxies elliptiques, qui ressemblent parfois à des ballons de football, parfois à des ballons de rugby. Et encore les galaxies irrégulières... En fait, la forme d'une galaxie dépend du mouvement des étoiles qui la composent. Dans le cas d'une galaxie ronde comme un ballon de football, les étoiles tournent autour du noyau comme les abeilles autour d'une ruche. Plus on s'en écarte, moins il y a d'étoiles. Dans ce cas, le rond est presque parfait.

Comment l'Univers va-t-il vieillir ?

Les spécialistes lui donnent trois destins possibles. Soit il cesse un jour de se dilater et s'effondre sur lui-même comme un soufflé : c'est le « big crunch », c'est-à-dire une sorte de retour à la case

Les galaxies sont d'énormes concentrations d'étoiles.

départ. Soit il poursuit éternellement son expansion. Dans ce cas, les amas de galaxies n'en finissent pas de s'éloigner les uns des autres et les galaxies qui n'ont plus assez de poussières et de gaz pour fabriquer des étoiles finissent par ressembler à des galaxies fantômes dans un ciel tout noir. La troisième possibilité est une solution intermédiaire, l'Univers cessant son expansion au bout d'un temps infini. Quel que soit le scénario, cela se passera dans des milliards d'années.

Comment se forment les étoiles ?

Les étoiles naissent dans un nuage de poussières et de gaz. Quand le nuage se contracte, les poussières et les gaz se rassemblent pour former des sortes de bulles. Ces bulles épaississent en attirant à elles de plus en plus de gaz et de poussières. À l'intérieur, la pression et la température augmentent. Quand la température atteint 1 million de degrés, c'est comme si un gros réacteur nucléaire se mettait en marche : une étoile est née.

INCROYABLE !

• Notre galaxie, la Voie lactée, compte 100 milliards d'étoiles. Elle n'est qu'une galaxie parmi des millions d'autres...

Le système solaire

- *Le système solaire s'est formé il y a 4,5 milliards d'années à partir d'un immense nuage de poussières et de gaz. Il se compose d'une étoile, le Soleil, et de tout ce qui tourne autour de lui.*
- *Mercure, Vénus, la Terre et Mars sont les quatre planètes qui tournent le plus près du Soleil. Ce sont des planètes telluriques. Comme la Terre, elles sont constituées de matière dense et possèdent un sol. Les quatre géantes, Jupiter, Saturne, Uranus et Neptune, sont d'énormes boules de gaz. Pluton, la petite dernière, est aussi la plus lointaine.*
- *Les astéroïdes, les comètes, les météorites sont les déchets de la formation du système solaire.*

Pourquoi dit-on le système solaire ?

Parce que le Soleil est le cœur du système. C'est lui qui est né en premier et c'est autour de lui que s'organise la ronde des planètes.

Comment les planètes se sont-elles formées ?

Les planètes sont nées du même nuage que le Soleil. Elles se sont formées avec les restes qui n'avaient pas servi à sa fabrication. Les poussières et les gaz non utilisés continuaient à tourner en se refroidissant, les éléments plus lourds s'approchant du Soleil, les plus légers s'en éloignant. Petit à petit, ces particules se sont agglutinées et agglutinées encore, les plus gros corps attirant les plus petits jusqu'à former des planètes.

Pourquoi les astéroïdes ne forment-ils pas une planète ?

Parce qu'ils sont sans cesse tiraillés entre le Soleil et les planètes et n'arrivent pas à se rassembler.

Pourquoi les comètes ont-elles une queue ?

Parce que les comètes sont comme de gigantesques boules de neige composées de roches et de glace. Lorsqu'elles passent devant le Soleil, la glace s'évapore

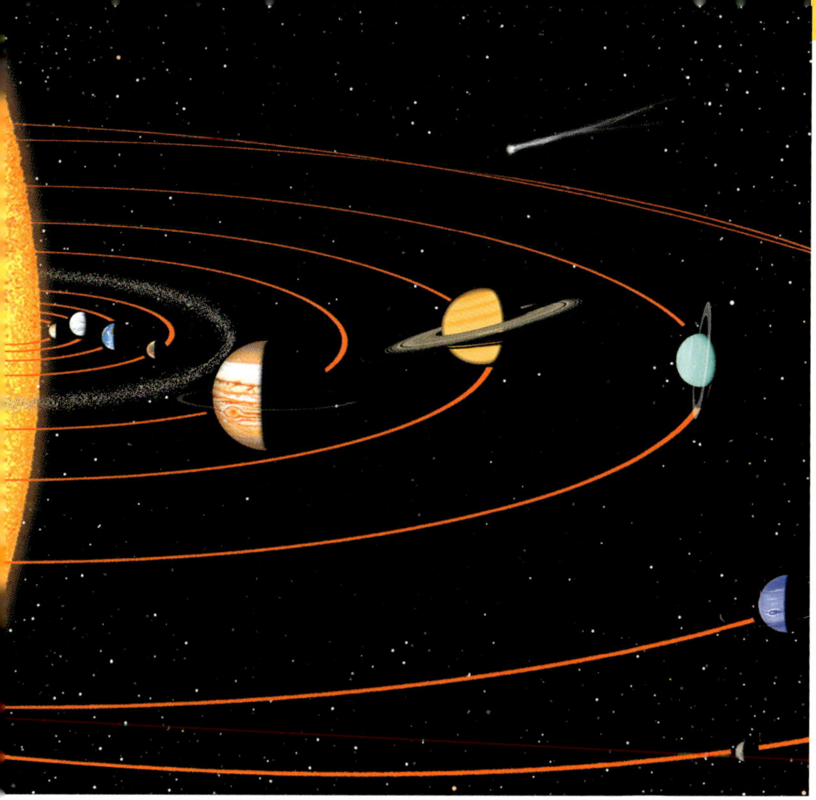

en formant une longue traîne de poussières et de gaz. Cette queue, qui peut mesurer plusieurs dizaines de millions de kilomètres, brille grâce à la lumière solaire.

Comment peut-on se protéger des comètes et des météorites ?

L'idée est de les dévier de leur trajectoire en utilisant l'attraction d'une planète, mais ce n'est pas encore gagné. Heureusement, la plupart de celles qui tombent sur Terre sont si petites qu'elles passent inaperçues. On les estime à 300 000 par an.

Neuf planètes tournent autour du Soleil. Mercure est la plus proche et Pluton la plus éloignée.

Pourquoi les comètes diminuent-elles ?

Parce que, chaque fois qu'elles passent près du Soleil, elles fondent un peu. Il arrive même qu'elles explosent.

Comment distingue-t-on une étoile filante d'une simple étoile ?

Parce que l'étoile filante n'émet qu'un bref scintillement dans la nuit. Sous le nom populaire d'étoile filante se cache en fait un météore, c'est-à-dire un corps solide qui plonge à toute vitesse vers la Terre.

INCROYABLE !

- Le 17 novembre 1833, une pluie d'étoiles filantes tomba tout le long de la côte est des États-Unis, soit 50 000 à 200 000 par heure. Quel spectacle ça devait être !

Le Soleil

- *Le Soleil est notre bonne étoile. Sans lui, la Terre serait comme un caillou glacé plongé dans la nuit. Il n'y aurait pas de vie sur notre planète.*

- *Le Soleil est une boule de gaz mesurant près de 1 392 000 km de diamètre, soit environ 110 fois celui de la Terre. Son carburant se compose en majorité d'hydrogène. Dans son cœur qui bouillonne, il ne fait pas moins de 15 millions de degrés, contre seulement 6 000 degrés sur sa surface visible, appelée photosphère.*

Pourquoi ne peut-on pas aller sur le Soleil ?

Parce qu'on ne pourrait pas s'y poser, puisqu'il se compose d'éléments fluides. D'ailleurs, s'en approcher, c'est risquer d'être rôti à point. Rappelle-toi la légende d'Icare et de ses ailes de cire. Il vola si près du Soleil que ses ailes fondirent sous l'effet de la chaleur et que le malheureux retomba dans la mer.

Pourquoi les planètes seront-elles détruites quand le Soleil disparaîtra ?

Parce qu'avant de disparaître le Soleil se transformera en une géante rouge, cent fois plus grosse que sa taille actuelle. Il avalera alors les planètes alentour. Et quand ses réserves en énergie seront définitivement épuisées, environ 2 milliards d'années plus tard, il aura l'aspect d'une toute petite étoile : une naine blanche. Mais pas de panique ! Le Soleil a de l'énergie à revendre et il brillera encore pendant 5 milliards d'années.

Pourquoi le Soleil a-t-il des taches ?

Les taches apparaissent à la surface quand sa production d'énergie est à son maximum. Ces taches solaires naissent de la rencontre de gaz bouillonnants plus froids avec les gaz plus chauds de la surface. En effet, le Soleil ressemble à

Pas question non plus de regarder à travers des lunettes de soleil. Il faut absolument utiliser des filtres conçus avec des matériaux spéciaux, comme le Mylar.

Pourquoi y a-t-il des éclipses de Soleil ?

Parce que, régulièrement, la Lune se place très exactement entre le Soleil et la Terre. Sur une petite partie de la Terre, le Soleil est entièrement caché, bien que l'on soit en plein jour.

une gigantesque ampoule électrique qui ne produit pas toujours la même quantité d'énergie. Pendant cinq ans et demi, sa production augmente ; les cinq années et demie suivantes, elle diminue. Les taches sont plus nombreuses lorsque la production est à son maximum.

L'intérieur du Soleil est une énorme chaudière nucléaire dans laquelle règne une grande agitation.

Pourquoi ne doit-on pas regarder le Soleil en face ?

Parce que les rayons lumineux du Soleil sont tellement puissants qu'ils abîment les yeux.

INCROYABLE !

- C'est grâce au Soleil que notre corps produit la mélatonine. Cette substance régule notre horloge interne. Quand celle-ci est déréglée, les médecins peuvent ruser en exposant chaque jour leur patient sous une lumière puissante.

La Terre

- *Comme les 8 autres planètes du système solaire, la Terre tourne sur elle-même autour du Soleil. Sa vitesse de rotation à l'équateur est d'environ 1 700 km/h, presque la vitesse du Concorde.*
- *La Terre est une planète rocheuse. Elle a un noyau situé à 6 400 km au-dessous de nos pieds. Au-dessus, il y a un manteau constitué de roches chaudes et fluides. Enfin, la surface du globe est recouverte d'une couche plus fine qu'on appelle la croûte terrestre.*
- *La vie sur Terre a été possible grâce à l'abondance de l'eau et à la présence de l'atmosphère.*

Comment est la Terre vue de la Lune ?

Vue de là-haut, la Terre est une boule bleue, brillante, parsemée de tourbillons nuageux.

Pourquoi les continents dérivent-ils ?

C'est parce que la lithosphère, c'est-à-dire la coque que forment la croûte et la partie supérieure du manteau, est divisée en plaques. Or, en dessous, la partie inférieure du manteau, moins dure, se déplace de quelques centimètres par an en entraînant les plaques. Certaines se chevauchent, d'autres s'écartent ou se plient. Des montagnes apparaissent, des fosses sous-marines se creusent. La Terre se fait un beau lifting et les continents s'écartent ou se rapprochent les uns des autres !

Pourquoi y a-t-il de l'eau sur Terre ?

On sait que les océans existent depuis 4 milliards d'années, mais on s'interroge encore sur l'origine de l'eau. Elle pourrait provenir en partie de la vapeur qui se serait échappée du cœur de la toute jeune Terre. À cela se serait ajoutée la glace laissée par des comètes après leur chute sur la Terre.

Pourquoi appelle-t-on la Terre la planète bleue ?

Parce que les océans couvrent 70 % de la surface du globe. Si la croûte terrestre ne s'élevait pas

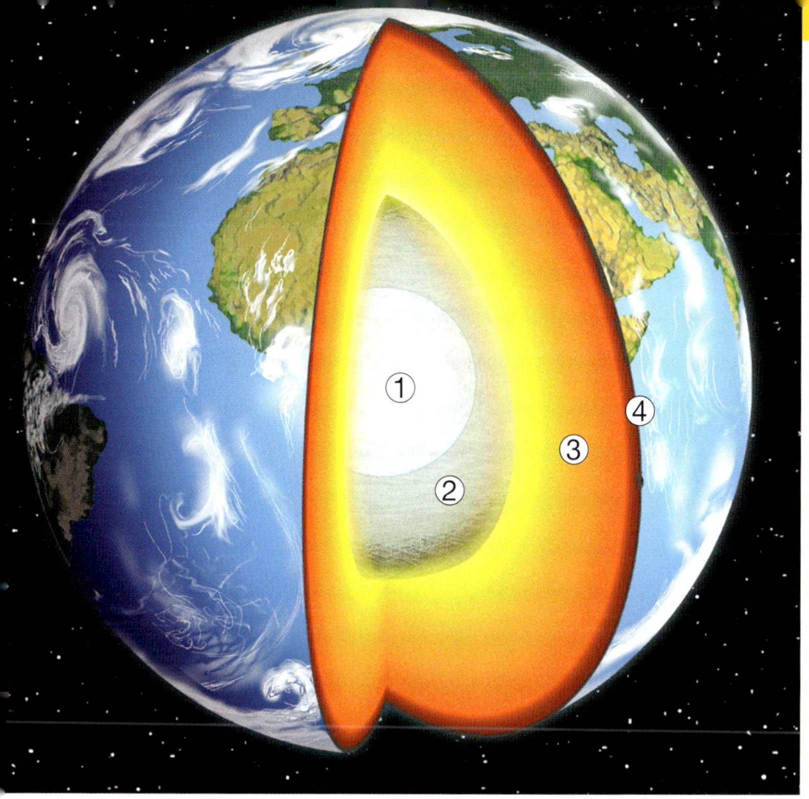

1 - noyau solide.
2 - noyau métallique liquide.
3 - manteau. 4 - croûte.

par endroits, alors l'eau la recouvrirait entièrement. Et sur 3 km de profondeur, rien que ça !

Comment s'est formé le noyau de la Terre ?

À l'origine, la Terre est une boule brûlante qui, sous l'effet de la chaleur, connaît un grand remue-ménage : d'un côté les éléments les plus lourds, comme le nickel et le fer, tombent vers son centre en formant le noyau ; de l'autre, les plus légers, comme le silicium, s'élèvent vers sa surface.

Pourquoi le centre de la Terre n'est-il pas liquide ?

C'est vrai qu'avec ses 5 000 °C le centre du noyau est bien assez chaud pour que le nickel et le fer qui le composent fondent. Pourtant, la pression est tellement forte que les matériaux se trouvent solidifiés. En revanche, dans le noyau externe, la température et la pression diminuant, le fer et le nickel sont liquides.

INCROYABLE !

- Les scientifiques étudient les changements climatiques survenus depuis 250 000 ans. Pour cela, ils analysent les gaz contenus dans de longs cylindres de glace, des « carottes », prélevés dans la région de l'Arctique !

Comment la Terre retient-elle l'atmosphère ?

C'est grâce à sa force d'attraction qu'elle retient autour d'elle les gaz (oxygène et azote) que contient l'atmosphère.

Pourquoi la Terre possède-t-elle une atmosphère, et pas les autres planètes ?

La Terre n'est pas la seule à posséder une atmosphère. D'autres planètes en ont aussi, mais pour nous, elles sont empoisonnées. Prenons Vénus, par exemple : son atmosphère est composée essentiellement de gaz carbonique. Pas question de mettre les pieds là-bas, c'est un véritable enfer.

Pourquoi la Terre a-t-elle besoin de la Lune ?

Parce que la Lune est son satellite, un peu son garde du corps. Grâce à leur ronde à deux, la Terre peut rester plus stable que si elle était seule.

Pourquoi y a-t-il si peu d'impacts de météorites sur Terre ?

Parce que, malgré ses 4,5 milliards d'années, la Terre n'entend pas se reposer. Au contraire, elle est encore très active : elle recycle sans arrêt les roches qui forment sa croûte. Ainsi, à la surface du globe, les roches n'ont pas plus de 100 millions d'années... Alors, même si la Terre a reçu autant de météorites que la Lune, les cratères se sont

lentement effacés sous l'effet de l'activité géologique, du vent, de la pluie... Et l'atmosphère ralentit ou empêche la chute de ces corps venus de l'espace.

Pourquoi y a-t-il des saisons sur la Terre ?

C'est l'inclinaison de la Terre vers le Soleil qui crée en partie les changements de climat. Et comme la Terre tourne autour du Soleil, c'est tantôt l'hémisphère Nord qui reçoit plus directement les rayons du Soleil, tantôt l'hémisphère Sud. À cela s'ajoute l'effet régulateur de l'atmosphère, qui met de l'ordre dans tous les courants d'air : les courants d'air chaud vont vers les pays froids, les courants d'air froid vers les pays chauds.

L'atmosphère protège la Terre des rayons nocifs du Soleil puisqu'elle renvoie dans l'espace deux cinquièmes de l'énergie reçue. La nuit, elle retient la chaleur présente à la surface de la Terre. Elle ralentit également la chute des météorites.

Comment fait-on pour retomber au même endroit quand on saute en l'air ?

Vu la vitesse à laquelle la Terre tourne sur elle-même, on peut imaginer que, si l'on saute en l'air, on retombe à un autre endroit, la planète ayant tourné sous nos pieds le temps du saut. Mais on a compris que l'on bougeait à la même vitesse que la Terre. On retombe donc au même endroit quand on saute.

Pourquoi y a-t-il une vie sur Terre, et pas sur les autres planètes ?

C'est grâce à l'atmosphère. Celle-ci n'est pas seulement une bulle d'air qui nous permet de respirer, c'est aussi une super-carapace qui nous protège des rayons nocifs du Soleil : par réaction chimique, l'oxygène et la lumière du Soleil donnent l'ozone. Ce formidable bouclier nous empêche d'être grillés vifs par les rayons ultraviolets.

INCROYABLE !

- Aux États-Unis, un cratère de 1 200 m de large et de 180 m de profondeur rappelle la chute d'une météorite de 300 000 tonnes il y a 50 000 ans. Gare aux têtes !

La Lune

La Lune tourne autour de la Terre tout en tournant sur elle-même. La Lune serait le résultat de la collision d'un énorme corps céleste avec la toute jeune Terre. Sous l'effet du choc, une partie de la croûte et du manteau terrestre aurait été pulvérisée et les débris auraient formé un anneau autour de la Terre, puis ils se seraient agglomérés pour former la Lune. À ce jour, la Lune est le seul élément du système solaire à avoir reçu la visite de l'homme.

pourquoi la Lune brille-t-elle ?

En réalité, la Lune ne brille pas. Au contraire, elle est totalement sombre. Si nous la voyons s'illuminer au-dessus de nos têtes, c'est grâce à la lumière du Soleil qui se réfléchit sur elle.

pourquoi la Lune change-t-elle de forme ?

Croissant, quartier, pleine lune : la Lune ne change pas de forme, mais elle change d'aspect en fonction de sa position. Comme la Lune tourne autour de la Terre et que la Terre tourne autour du Soleil, la Lune ne cesse de changer de position par rapport au Soleil. Ainsi, quand elle s'en trouve le plus éloignée, la partie qu'elle nous présente est entièrement illuminée, car le Soleil qui lui fait face lui envoie toute sa lumière : c'est la pleine Lune. À l'inverse, lorsqu'elle se rapproche du Soleil, nous ne voyons plus que sa face plongée dans l'ombre. Quant aux croissants et quartiers, ils croissent et décroissent au fur et à mesure que la Lune se déplace.

pourquoi dit-on qu'il y a des mers sur la Lune ?

En regardant la Lune à l'œil nu, on distingue des zones

lumineuses, d'autres plus sombres. Dans l'Antiquité, les astronomes pensaient que les zones les plus sombres dessinaient des océans. C'est pourquoi ils leur donnèrent le nom de mers. Nous savons maintenant que ce sont des plaines recouvertes de lave solidifiée.

Pourquoi ne voit-on jamais la face cachée de la Lune ?

Parce qu'il faut à la Lune autant de temps pour tourner sur elle-même que pour faire le tour de la Terre. Aussi nous présente-t-elle toujours la même face.

La Lune gravite à 384 400 km de la Terre. Son diamètre fait 3 500 km.

Pourquoi la Lune a-t-elle autant de cratères ?

Parce que la Lune n'a pas d'atmosphère pour brûler les corps qui approchent de sa surface. Alors, les bolides que sont les météorites et les astéroïdes s'y écrasent en toute liberté, créant des cratères 30 fois plus larges que leur propre diamètre. Et comme il n'y a pas de phénomènes d'érosion sur la Lune, les cratères ne disparaissent que s'ils sont la cible d'un nouvel impact encore plus terrible.

INCROYABLE !

- Le plus grand cratère d'impact de la Lune fait 2 250 km de diamètre et 12 km de profondeur. Qui dit mieux ? Personne, car c'est le plus grand que l'on connaisse dans tout le système solaire.

Mars, la planète rouge

- *Mars emprunte son nom au dieu romain de la guerre. Son sol est rouge comme le sang ou plutôt comme la rouille, d'où son surnom de planète rouge. Son sol est très riche en oxydes de fer. Mars est presque deux fois plus petite que la Terre.*

- *Les températures moyennes sont de -58 °C à l'équateur et de -123 °C aux pôles. Le paysage martien est varié. Mars possède 4 volcans géants. Le plus grand culmine à 27 km au-dessus du niveau moyen de la planète. Elle a aussi un immense canyon de 4 500 km de long.*

Pourquoi les étés sont-ils plus chauds au sud qu'au nord ?

La course de Mars autour du Soleil n'est pas circulaire. Ainsi, lorsque c'est l'été dans la moitié Sud de la planète, celle-ci est beaucoup plus près du Soleil que lorsque vient l'été dans la moitié Nord. Les étés sont plus chauds au sud qu'au nord.

Comment sait-on qu'il y a eu de l'eau sur Mars ?

Parce que les sondes qui ont étudié Mars ont transmis des images de plateaux et de vallées qui ressemblent à ceux que nous avons sur Terre. On pense que, comme sur notre planète, ce sont des cours d'eau qui les ont creusés.

Pourquoi ne voit-on pas d'eau ?

Parce qu'elle est peut-être sous le sol de Mars à l'état de glace. C'est ce que pensent certains scientifiques.

Comment s'appelle le plus grand volcan de Mars ?

Le mont Olympe, car ce volcan est si haut qu'il est digne des dieux grecs.

Pourquoi y a-t-il des volcans aussi hauts ?

Parce que, contrairement à la Terre, la surface martienne ne ressemble pas à

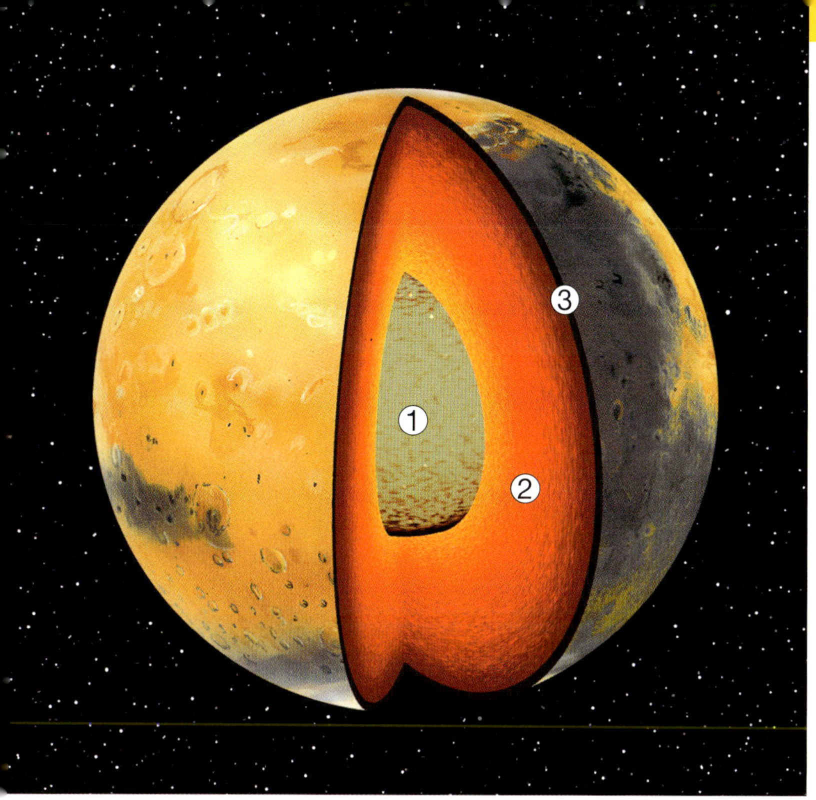

Coupe de la planète Mars :
1 - noyau métallique.
2 - manteau. 3 - croûte.

un puzzle. Sa coquille est d'une seule pièce. Sans le mouvement des plaques continentales comme sur Terre, les volcans martiens sont restés toujours à la même place. Ainsi, pendant des centaines de millions d'années, ils ont été alimentés en magma et ont grossi, grossi...

Comment s'appellent les deux satellites de Mars ?

Il y a Phobos, qui veut dire " peur ", en grec et Deinos qui signifie " panique ". Phobos et Deinos ressemblent plutôt à de vieilles pommes de terre toutes cabossées. En plus, comme ils sont petits, ils ne peuvent pas stabiliser la planète comme le font les gros satellites.

Rien ne prouve que l'inclinaison de Mars ne changera pas.

Pourquoi ne peut-on pas vivre sur Mars ?

Parce que l'air y est irrespirable, l'atmosphère très faible étant surtout composée de gaz carbonique.

INCROYABLE !

- Le 31 octobre 1938, la radio américaine remet au goût du jour le roman *La guerre des mondes*. Le producteur annonce à des milliers d'auditeurs terrorisés que les Martiens débarquent. Imaginez la panique !

Vénus

• *Vénus tourne sur elle-même en sens inverse de celui des autres planètes. Elle se cache derrière une épaisse couverture nuageuse constituée d'acide sulfurique.*

• *À la surface du sol, la température atteint environ 480 °C. L'atmosphère, composée en grande partie de gaz carbonique, y est très dense. Elle fait peser à la surface de la planète une pression équivalant à celle qui existe à 1 000 m sous la mer sur notre planète Terre. En allant sur Vénus sans protection, on est immédiatement grillé, asphyxié et écrasé...*

Pourquoi Vénus brille-t-elle comme une étoile ?

Parce que la couche de nuages qui entoure la planète à environ 50 km au-dessus de sa surface a le même effet qu'un manteau de neige : elle réfléchit la lumière.

Pourquoi appelle-t-on Vénus l'étoile du Berger ?

Justement parce qu'elle brille comme une étoile et que, autrefois, lorsqu'elle apparaissait le soir, les bergers savaient qu'il était l'heure de rentrer leur troupeau. Les Grecs croyaient d'ailleurs qu'il y avait deux étoiles distinctes : celle du matin, Phosphoros, et celle du soir, Hespéros.

Pourquoi dit-on que Vénus est une planète inférieure ?

Parce que, comme Mercure, elle est plus près du Soleil que la Terre.

Pourquoi ne peut-on pas toujours la voir ?

Lorsque Vénus se trouve placée entre la Terre et le Soleil, elle présente aux terriens sa face plongée dans l'ombre. Lorsque, au contraire, elle se place derrière le Soleil par rapport à la Terre, elle nous montre sa face éclairée.

Pourquoi fait-il aussi chaud sur Vénus ?

Parce que, après avoir traversé la couche de nuages qui enveloppe Vénus, les rayons du Soleil viennent réchauffer la surface

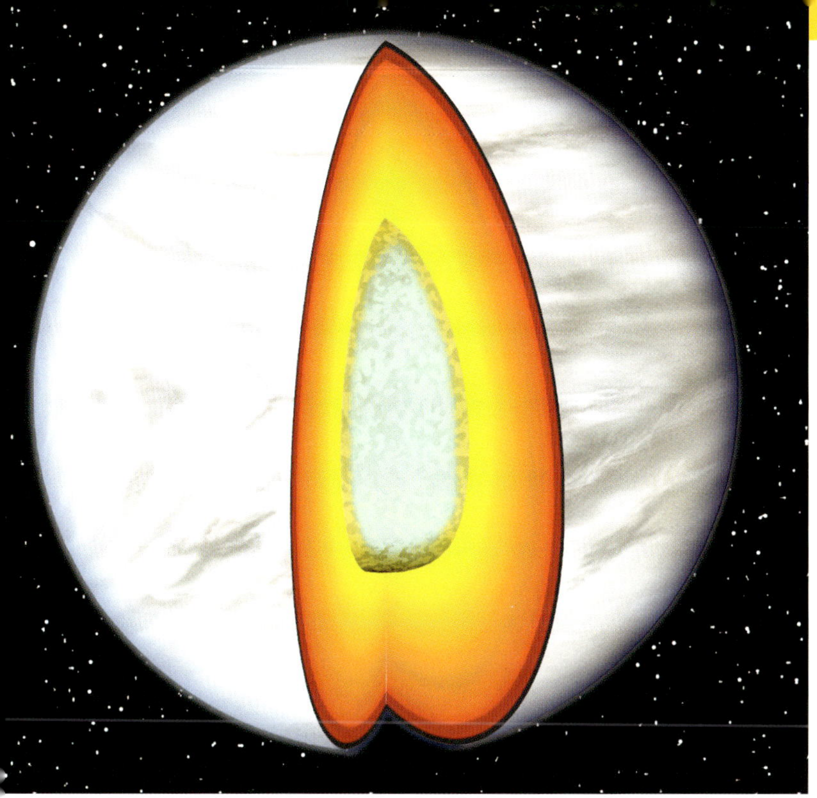

Vénus gravite à environ 108 millions de kilomètres du Soleil.

Pourquoi n'y a-t-il pas de saisons sur Vénus ?

Parce que, à la différence de la Terre et de Mars, elle n'est pas inclinée sur son axe.

Pourquoi Vénus et la Terre sont-elles si différentes ?

On suppose qu'à l'origine, Vénus possédait moins d'eau que la Terre. Or elle se situait aussi plus près du Soleil. Sous l'effet des rayons du Soleil, l'eau s'est vaporisée et la planète s'est desséchée.

de la planète. Cette surface renvoie à son tour des rayons plus forts que ceux du Soleil, mais qui ne parviennent pas à traverser la couche nuageuse en sens inverse. Alors, évidemment, sous les nuages, ça chauffe...

Pourquoi la chaleur ne parvient-elle pas à quitter l'atmosphère de Vénus ?

Parce que l'atmosphère de Vénus contient 96 % de gaz carbonique et que ce gaz a la fâcheuse habitude de piéger la chaleur. L'atmosphère ressemble ainsi à celle d'une serre.

INCROYABLE !

- Sur Vénus, le jour est plus long que l'année. En effet, la planète met un peu plus de 243 jours terrestres pour tourner sur elle-même, alors qu'elle met 225 jours terrestres pour effectuer le tour du Soleil !

Mercure et Pluton

- *Après Pluton, Mercure est la plus petite planète du système solaire. Son diamètre est de 4 878 km, soit moins de la moitié de celui de la Terre. Elle fait le tour du Soleil en 88 jours. Les températures varient de 470 °C quand le Soleil est au zénith à -173 °C la nuit.*

- *Pluton se situe aux confins du système solaire. Observée de la Terre, elle n'est pas plus grosse qu'une noix vue à 50 km. Son diamètre est de 2 300 km et celui de son satellite Charon de 1 200 km. Pluton met plus de 248 ans pour faire le tour du Soleil et tourne sur elle-même en 6 jours et demi.*

Pourquoi Mercure n'est-elle pas carbonisée par le Soleil ?

D'accord, elle n'est pas carbonisée, il y a même de la glace sur Mercure, mais pas question pour autant d'y prendre des bains de soleil : un coup on gèle, un coup on grille ! Car les écarts de température sont les plus grands de toutes les planètes du système solaire.

Pourquoi porte-t-elle le nom du messager des dieux romains ?

Parce que, vues de chez nous, ses apparitions sont très rapides. Dans sa course autour du Soleil, elle est rattrapée par la Terre environ tous les 116 jours. Mais il est rare de la voir “ traverser ” le Soleil, car pour cela elle doit parfaitement s'aligner entre la Terre et le Soleil. C'est ce qu'on appelle un transit. Les deux prochains auront lieu le 7 mai 2003 et le 8 novembre 2006.

Pourquoi n'a-t-elle pas d'atmosphère ?

Elle en a une, mais elle est très, très fine. En effet, Mercure a une trop petite masse pour pouvoir retenir une atmosphère épaisse.

Pourquoi Pluton est-elle une planète à part ?

Parce qu'en se plaçant derrière le groupe des

1 - Mercure. 2 - Pluton.

grandes planètes gazeuses, elle fait figure de vilain petit canard avec sa taille très modeste et sa composition rocheuse. La découverte de dizaines de milliers d'objets autour d'elle expliquerait sa différence : Pluton se serait échappée de la ceinture de Kuiper, cette région située au-delà de la zone des planètes et peuplée de comètes sans queue. De plus, c'est dans le sens contraire des autres planètes qu'elle tourne autour du Soleil.

Comment se fait-il que Pluton ne soit pas toujours la dernière planète du système solaire ?

C'est dû à la trajectoire de son orbite. Comme celle-ci est très allongée, il lui arrive de pénétrer la trajectoire de Neptune et de se retrouver non plus derrière mais devant. Et cela pendant vingt ans, avant de reprendre sa place de petite dernière.

INCROYABLE !

- Quand Pluton entre dans son orbite la plus éloignée du Soleil, son atmosphère, qui est gazeuse le reste du temps, se transforme en neige ou en gel et reste ainsi pendant environ un siècle. Dur, dur !!!

Jupiter et Saturne

- *Jupiter est la plus grande planète du système solaire : son diamètre est plus de 11 fois celui de la Terre. C'est une planète gazeuse constituée en majorité d'hydrogène et d'hélium. Elle fait le tour du Soleil en presque 12 ans mais tourne sur elle-même en à peine 10 heures. Elle possède 16 satellites.*

- *En matière de taille, Saturne se place après Jupiter, avec un diamètre égal à plus de 9 fois celui de la Terre.*

Pourquoi les nuages qui enveloppent Jupiter ont-ils différentes couleurs ?

Cela s'explique par le mouvement des gaz sous l'effet de la chaleur. En effet, l'atmosphère de Jupiter est comme un ascenseur qui aurait une température différente à chaque étage. Les gaz qui remontent du noyau brûlant changent de forme sous l'effet des variations

de température. En montant vers les couches élevées de l'atmosphère, c'est-à-dire les moins chaudes, ils se condensent et forment les zones claires sur le haut des nuages. Les zones plus foncées correspondent à l'air sec qui redescend vers le cœur.

Pourquoi forment-ils des bandes ?

Parce que Jupiter tourne très vite sur elle-même. En tournant si vite, elle étire les différentes bandes colorées.

Comment sont les anneaux de Jupiter ?

Contrairement à ceux de Saturne, ils ne sont probablement pas composés de glace, mais de poussière.

Comment se sont formés les anneaux de Saturne ?

Mystère et boule de gomme... Leur origine reste inconnue. Une hypothèse

1 - Jupiter. 2 - Saturne.

avance qu'ils se seraient constitués après la décomposition de ses satellites, les débris ayant formé les anneaux.

Pourquoi ne voit-on pas toujours les anneaux de Saturne ?

Parce que, tous les 15 ans, Saturne nous présente ses anneaux par la tranche. Leur profil est si fin qu'on a l'impression qu'ils ont disparu.

Pourquoi pourrait-on faire du roller sur les anneaux de Saturne ?

Du roller ou, pourquoi pas, du patin à glace puisqu'ils sont constitués de milliers de débris de glace et peut-être de roches. Voilà un super-circuit de presque un million de kilomètres de diamètre.

Pourquoi les scientifiques s'intéressent-ils tant au satellite nommé Titan ?

Parce qu'ils y ont découvert une atmosphère composée essentiellement d'azote, comme sur Terre. De quoi en apprendre sur l'origine de la vie sur notre bonne planète ! À la différence qu'il fait environ -200 °C sur Titan.

INCROYABLE !

- Au XVIIe siècle, les astronomes pensent que Saturne a des poignées, d'autres y voient des oreilles. Galilée, lui, croit tout d'abord qu'elle a 2 satellites... En fait, ce sont ses anneaux.

Uranus et Neptune

- *Uranus a dû subir, on ne sait quand, une terrible collision. Depuis, elle tourne autour du Soleil sur un axe penché en 84 ans terrestres et roule comme une boule quand les autres planètes tournent comme des toupies.*

- *Neptune, la planète bleue, est la dernière des planètes gazeuses. Après elle, il ne reste que Pluton. Elle a 8 satellites. La planète met environ 165 années pour faire le tour du Soleil et tourne sur elle-même en plus de 16 heures.*

Comment a-t-on découvert Uranus ?

C'est à la fin du XVIIIe siècle qu'Uranus a été identifiée comme une planète. Avant, on la confondait avec une étoile. Quand William Herschel la découvre en 1781, il croit lui aussi avoir trouvé une nébuleuse ou une comète, avant de confirmer avoir découvert une planète.

Pourquoi ne voit-on pas ses anneaux ?

Parce qu'ils sont très, très fins. Il a d'ailleurs fallu attendre 1977 pour les découvrir. Neuf sont bien délimités, mais les deux autres sont plus discrets.

Pourquoi la planète est-elle si bleue ?

Parce que le méthane, qui constitue 3 % de son atmosphère, a la particularité d'absorber la lumière rouge. Les rayons du Soleil qui s'y réfléchissent sont donc bleu-vert.

Comment a-t-on découvert Neptune ?

La découverte de Neptune est une affaire de calcul et de déduction. En 1840, les astronomes savent qu'Uranus ne suit pas une trajectoire prévisible.

1 - Uranus. 2 - Neptune.

Ils en déduisent que c'est une autre planète qui, par sa force d'attraction, contrarie l'orbite d'Uranus. Les calculs faits, voilà Neptune localisée. Vivent les mathématiques !
On s'est aperçu ensuite que les calculs étaient faux (même si le raisonnement était juste), mais Neptune avait quand même été découverte.

Pourquoi Neptune est-elle plus bleue qu'Uranus ?

Parce que non seulement le méthane qui compose son atmosphère absorbe la lumière rouge, mais les particules de glace présentes dans ses plus hauts nuages ont elles-mêmes une coloration bleue.

Pourquoi a-t-on eu du mal à observer les anneaux de Neptune?

Parce qu'ils ne sont pas uniformes. Certaines parties sont épaisses, d'autres très fines. Avant de former des filaments, les fragments de roches qui constituent les anneaux se sont rassemblés en gros grumeaux.

INCROYABLE !

- Uranus a perdu le Nord lors du terrible accident dont elle a été victime. La planète étant désormais inclinée à 90 % sur son axe, on ne sait pas où est son pôle Nord et où est son pôle Sud.

La gravitation

- *La gravitation, c'est la force d'attraction qui existe entre deux corps, c'est-à-dire la force qui les attire l'un vers l'autre, qu'ils soient grands ou petits. Tout l'Univers est soumis à cette loi.*
- *On dit que l'Anglais Isaac Newton a fait cette découverte au XVIIe siècle en regardant une pomme tomber d'un arbre. Il en a déduit qu'une force attirait la pomme vers la Terre et que c'était cette même force qui attirait la Lune vers la Terre, et la Terre vers le Soleil, et ainsi pour toutes les planètes du système solaire.*

Pourquoi les planètes n'en finissent-elles pas de tourner autour du Soleil ?

Il faut se rappeler que le Soleil est né de matériaux en rotation. Depuis, les planètes sont toujours entraînées par ce premier élan, un peu comme un vélo qui avance en roue libre. Mais si le Soleil n'attirait pas les planètes vers lui, elles avanceraient en ligne droite. Et sans ce mouvement qui les anime, elles seraient avalées par le Soleil. C'est donc le mouvement conjugué à la force d'attraction du Soleil qui explique que les planètes se maintiennent en orbite.

Pourquoi flotte-t-on dans l'espace ?

Parce qu'il n'y a rien pour nous attirer. En revanche, si, comme un astronaute, on se place au-dessus de la Terre, on croit flotter, mais ce n'est qu'une impression. En réalité, on est attiré par la Terre comme par un aimant, mais comme on avance sur le côté en même temps que l'on tombe, on tourne autour de la planète au lieu de s'écraser dessus. Ouf !

Pourquoi un astronaute ne pèse-t-il pas le même poids sur toutes les planètes ?

Parce que, même s'il conserve la même masse, c'est-à-dire que son corps contient la même quantité de

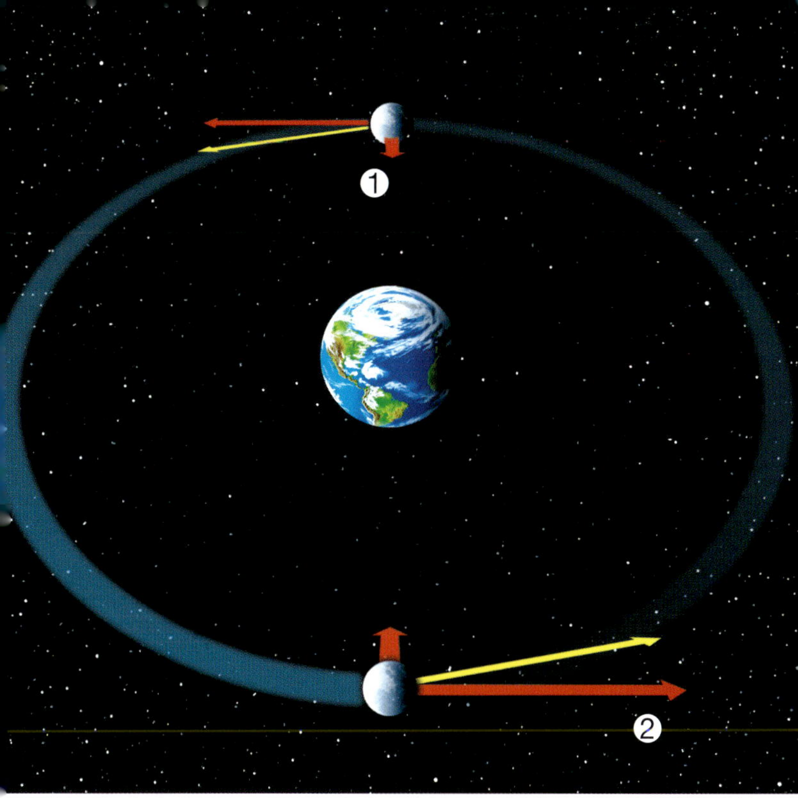

La Lune est attirée vers la Terre, par la force d'attraction (1). Heureusement, car sinon la Lune nous quitterait. Elle suivrait sa course en suivant la direction de la flèche rouge (2).

matière, son poids change parce qu'il varie en fonction de la force d'attraction des planètes. Toutes les planètes n'ayant pas la même force, l'astronaute se sent plus ou moins léger. Par exemple, un astronaute vêtu de sa combinaison spatiale pèse 180 kg sur la Terre et seulement 30 kg sur la Lune, soit 6 fois moins.

Pourquoi ne tombe-t-on pas quel que soit l'endroit où l'on se trouve sur la Terre ?

Parce que nous sommes tous comme la pomme de Newton, attirés vers le centre de la Terre. On parle de pesanteur.

Comment fait-on pour quitter la Terre ?

Pour ça, il faut trouver une force opposée et encore plus puissante que la force de gravité. C'est la vitesse de satellisation. Seule une fusée peut l'atteindre : elle est de 28 000 km/h.

INCROYABLE !

- Quand il flotte dans l'espace, un astronaute est capable de " porter " l'un de ses camarades au bout d'un doigt.

La lumière

- *La lumière nous est envoyée par les astres. Ces rayonnements sont multiples. D'un côté, il y a la lumière visible, perceptible par l'œil humain, de l'autre, la lumière invisible, comme les rayonnements infrarouges qui réchauffent l'atmosphère, et d'autres également tels que les rayons ultraviolets, gamma et X.*
- *La lumière visible du Soleil nous semble blanche. Elle est en fait composée de toutes les couleurs de l'arc-en-ciel. Tous ces rayonnements (aussi appelés ondes) se déplacent dans l'espace en ondulant comme les vagues sur l'océan et contiennent de l'énergie.*

Comment sait-on qu'une onde contient plus d'énergie qu'une autre ?

Parce que l'énergie dépend de la longueur d'onde, c'est-à-dire de la distance qui sépare le sommet de deux vagues successives. Plus la distance est courte, plus l'énergie est élevée.

Comment calcule-t-on la vitesse des rayonnements ?

Imaginons une plage. On prend un chronomètre et pendant une minute on compte le nombre de vagues qui déferlent sur le bord. Mettons qu'il y ait 12 vagues : la fréquence est de 12 par minute. Maintenant, on sait que la longueur d'onde, c'est la distance entre le sommet de 2 vagues successives : mettons 2 m, par exemple. Pour calculer la vitesse, on multiplie la fréquence par la longueur d'onde, soit : 12 x 2 = 24 m par minute.

Comment se forme un arc-en-ciel ?

Grâce aux milliers de gouttes de pluie présentes dans l'atmosphère, qui vont décomposer la lumière du Soleil et nous dévoiler ses différentes couleurs. Plus les gouttes sont petites, plus les nuances de couleur sont grandes.

Pourquoi les rayons gamma et X sont-ils dangereux ?

Parce qu'ils transportent tellement d'énergie qu'ils

deviennent mortels pour nous. Heureusement, avant d'atteindre la surface de la Terre, ils sont arrêtés dans l'atmosphère par la couche d'ozone. Cela explique pourquoi on se fait tant de souci à propos de la disparition de l'ozone à certains endroits, les fameux trous.

Pourquoi le ciel devient-il parfois rouge quand le Soleil se couche ?

Parce que, lorsque le Soleil se couche, ses rayons, qui traversent l'atmosphère en biais, rencontrent une plus grande épaisseur de gaz. Et seuls les rayons rouges du Soleil réussissent à passer à travers un tel filtre.

La lumière du Soleil n'est pas blanche. Elle est composée de rouge, orange, jaune, vert, bleu, indigo et violet.

On dirait alors que le Soleil rougit. Si en plus, à la suite d'une éruption récente, des poussières volcaniques tournent dans l'atmosphère, c'est un rouge encore plus intense qui colore le ciel.

Pourquoi les rayons infrarouges sont-ils si importants pour nous ?

Parce que ce sont eux qui donnent à la Terre des températures si agréables. Sans eux, il ferait 30 °C de moins. Brrr !

INCROYABLE !

- Les rayons du Soleil nous parviennent en 8 min et 20 s malgré les 150 millions de kilomètres qui séparent la Terre du Soleil.

L'espace vu de la Terre

- *Pendant des millénaires, les hommes observent le ciel pour mieux comprendre la vie sur Terre.*
- *À l'époque préhistorique, ils bâtissent des observatoires grâce auxquels ils contrôlent les mouvements du Soleil, de la Lune et des étoiles.*
- *Dans l'Antiquité, que ce soit en Inde, en Égypte, en Chine, à Babylone ou en Amérique centrale, les savants veulent établir des calendriers des mouvements des étoiles pour y lire l'avenir de l'homme. Avec les Grecs, l'astronomie devient une véritable science. Ce sont les premiers à comprendre le phénomène de l'éclipse.*

Comment étaient les observatoires des hommes préhistoriques ?

Parmi les sites qui ont pu servir d'observatoires, celui de Stonehenge, situé dans le sud de l'Angleterre, date du néolithique et a servi pendant plus de 3 500 ans. Depuis longtemps, les hommes préhistoriques utilisaient de très grosses pierres, les mégalithes, pour construire des monuments. Sur le site de Stonehenge, certains blocs de pierre pèsent plus de 50 t.
Le site, qui a été plusieurs fois réaménagé, est de forme circulaire. Son entrée est orientée de manière que le Soleil se lève dans son axe lors du solstice d'été.

Comment a-t-on découvert que la Terre est ronde ?

C'est en observant les éclipses de Lune et l'ombre que projette alors la Terre sur son satellite : cette ombre est toujours ronde. C'est au IVe siècle av. J.-C. que le savant grec Aristote en déduit que notre planète est sphérique.

Pourquoi le calendrier a-t-il 365 jours ?

C'est aux Égyptiens que l'on doit notre calendrier de 365 jours. C'est le premier calendrier élaboré à partir de l'observation des mouvements du Soleil. Avant, le calendrier était établi en fonction de la Lune. Il se décompose en 12 mois de 30 jours, plus 5 jours

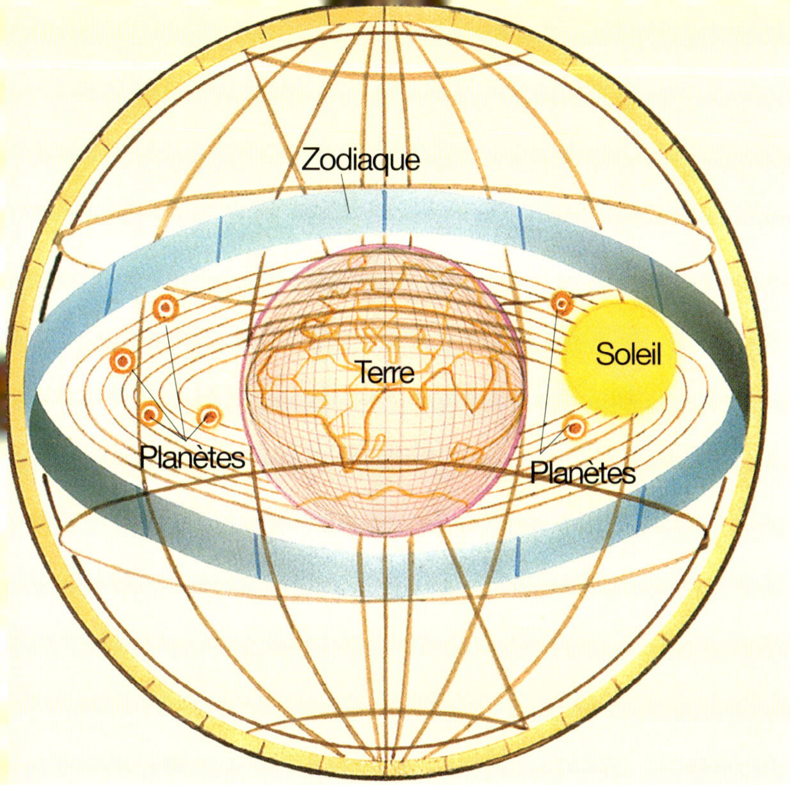

Pour Ptolémée, astronome grec du IIe siècle ap. J.-C., la Terre est au centre de l'Univers. Les planètes et le Soleil tournent autour d'elle. Cette vision de l'Univers ne sera remise en question que par Copernic.

ajoutés à la fin du douzième mois. Les prêtres vont faire coïncider le début de l'année avec la crue du Nil, qui marque le retour de l'activité agricole et le moment où l'étoile Sirius se lève en même temps que le Soleil.

Comment nos ancêtres imaginaient-ils l'Univers ?

Très longtemps, les hommes ont cru que la Terre était au centre de l'Univers et que les autres planètes tournaient en cercle autour d'elle. Ce n'est qu'au XVIe siècle que cette théorie est remise en question. Nicolas Copernic dit que c'est autour du Soleil que s'organise le mouvement des planètes. Cette découverte lui coûte cher puisqu'il est condamné par l'Église, mais il doit s'estimer heureux, car en 1600 le philosophe Giordano Bruno sera tout simplement brûlé sur un bûcher pour les mêmes raisons.

INCROYABLE !

- Nous devons notre calendrier aux Romains : ils se sont inspirés des Babyloniens pour la division des journées en 24 heures et les noms des jours, des Hébreux pour le samedi, jour de repos et des Égyptiens pour le nombre de jours.

Les instruments des astronomes

- *Jusqu'au XVIIe siècle, les astronomes observent le ciel à l'œil nu. L'Italien Galilée est parmi les premiers à utiliser une lunette astronomique, qui multiplie la taille des objets lointains. Il découvre que le Soleil a des taches et la Lune des montagnes. Vers 1670, l'Anglais Isaac Newton invente le télescope.*
- *Aujourd'hui, les astronomes écoutent l'espace grâce aux radiotélescopes, qui captent les ondes radioélectriques. Et pour ne pas être gênés par l'atmosphère, les télescopes s'installent dans l'espace.*

Comment les astronomes choisissent-ils un site pour installer un télescope ?

Il faut que le site soit le plus éloigné possible des lieux habités, pour éviter la lumière artificielle des villes, la pollution de l'air, les transmissions radio... Il reste encore à échapper aux turbulences de l'atmosphère terrestre, mais c'est plus difficile. Le mieux est de l'installer en haut d'une montagne très élevée.

Pourquoi l'atmosphère gêne-t-elle l'observation ?

Parce qu'elle brouille les images et ne laisse passer qu'une partie de la lumière. L'astronome qui regarde un astre est comme le baigneur qui, du bord d'une piscine, observe un objet posé au fond : il voit flou.

Pourquoi les télescopes sont-ils de plus en plus grands ?

Pour augmenter le champ de vision et collecter le plus de lumière possible. En effet, la plus infime lumière qui vient de l'espace est précieuse, car les astres observés peuvent avoir un rayonnement très faible. Dans les années 1970, on a mis au point un dispositif qui permettait de multiplier par 100 la capacité qu'ont les télescopes à collecter la lumière.

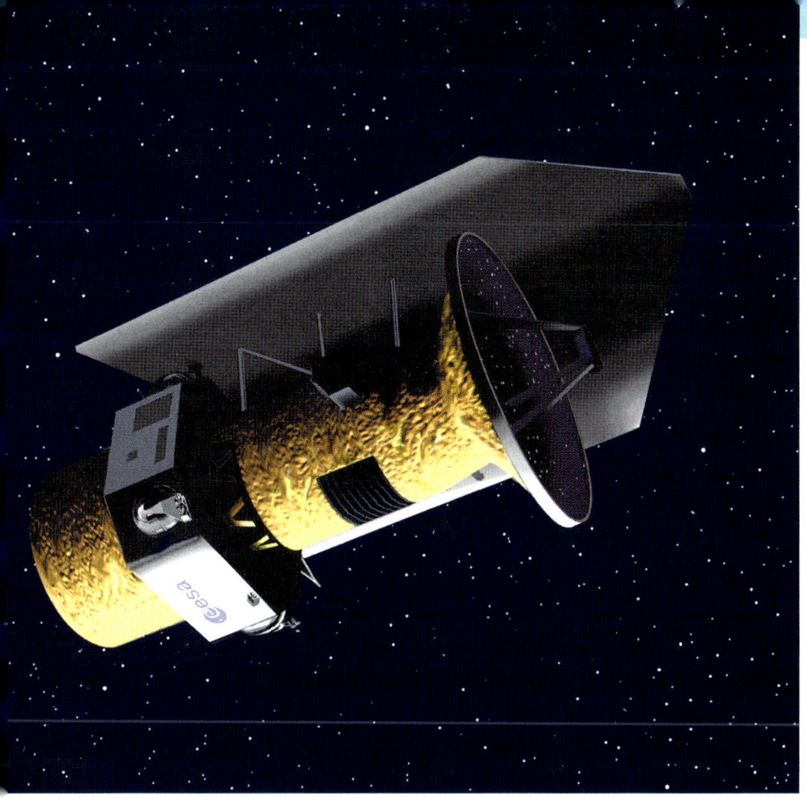

Le télescope Herschel sera placé en orbite à 1,5 million de kilomètres de la Terre.

Comment voir le plus loin possible ?

Une des solutions consiste à utiliser plusieurs télescopes à la fois. En assemblant la lumière qui provient de leurs différents miroirs, on obtient les performances d'un télescope géant.

Comment Hubble voit-il ?

Très bien, merci ! Placé à 600 km au-dessus de nos têtes, il détecte la lumière avant qu'elle ne subisse le grand tri sélectif effectué par l'atmosphère. Sa vue est 10 fois meilleure que celle de la plupart des grands télescopes installés sur Terre ! Un successeur de Hubble sera le télescope Herschel, 100% européen. À côté de lui, Hubble aura l'air d'un myope.

Comment peut-il découvrir de nouvelles planètes ?

Grâce à son œil super-puissant, Hubble a déjà permis de découvrir de nombreuses planètes situées en dehors du système solaire. En 2010, l'ESA prévoit le lancement d'une paire de télescopes spatiaux qui fournira une image sans précédent des étoiles en mouvement dans la Voie lactée et permettra, pourquoi pas, de découvrir de nouvelles planètes parmi ces centaines de milliers d'étoiles.

INCROYABLE !

- En 1959, le professeur Audouin Dollfus met au point une nacelle tirée par 105 ballons qui s'élève à 14 000 m, réalisant les premières observations presque hors de l'atmosphère terrestre !

Les premières fusées

- *Ce sont les Chinois qui ont inventé les premières fusées. Tout a commencé par la découverte de la poudre à canon, fabriquée avec un mélange de charbon, de salpêtre et de soufre. Dès le début du Xᵉ siècle, cette poudre noire est utilisée par les militaires. Ce sont des sortes de pétards appelés "feux volants" qui explosent en l'air en semant la panique.*
- *Très vite, les armes se diversifient. Il y a les grenades fumigènes qui produisent de la fumée, les grenades incendiaires... Ensuite, la poudre est utilisée comme propulseur à l'intérieur d'un tube de bambou ou de bois. Des flèches sont placées dans les tubes : à l'allumage, la poudre explose et propulse les flèches. Les premières " fusées " sont nées.*

Comment cette technique a-t-elle été transmise en Occident ?

C'est probablement par l'intermédiaire des Arabes que la poudre à canon est arrivée jusqu'en Europe au XIIIᵉ siècle. À la place des tubes de bambou des Chinois, les Occidentaux vont utiliser des tubes en fer.

Pourquoi cette invention révolutionne-t-elle l'art de la guerre en Occident ?

Parce qu'il est beaucoup plus facile de transporter des tubes en fer que les énormes catapultes qu'on utilise au Moyen Âge. Même si, au début, ces armes à feu sèment plus la terreur par leur bruit que par leur résultat...

Comment appelle-t-on ces toutes nouvelles armes ?

On les appelle les " bouches à feu ". Un nom bien mérité, même si elles crachent surtout des boulets de pierre ou des sacs de cailloux.

Comment a-t-on perfectionné ces armes ?

En travaillant à augmenter la portée du tir et la quantité de matière incendiaire à lancer. En 1806, les armes de l'Anglais sir William Congreve, dites fusées Congreve, franchissent presque 3 km. Les Français en gardent un mauvais souvenir : cette année-là, 18 bateaux

Les Anglais ont utilisé ces fusées lors de la bataille de Waterloo contre Napoléon. Des milliers de soldats ont été tués.

anglais vont s'installer à 2 400 m du port de Boulogne-sur-Mer et lancer sur la ville 20 000 fusées chargées de pots incendiaires. Drôle de feu d'artifice !

Pourquoi n'a-t-on pas pensé à utiliser ce genre de fusées pour transporter des hommes dans l'espace ?

Parce qu'elles ne sont pas capables de transporter des hommes, et encore moins dans l'espace. En effet, elles n'ont pas la puissance nécessaire pour vaincre la force de gravité de la Terre.
En plus, la poudre noire a un gros inconvénient : elle se consomme d'un coup !
Alors, une fois le carburant épuisé, que deviendrait la fusée ?

Pourquoi les Chinois utilisent-ils la poudre noire quand ils font des fêtes ?

Parce qu'ils utilisent ce même mélange pour les feux d'artifice. Sans oublier d'y ajouter quelques substances de manière à colorer les flammes, c'est plus joli.
Comme quoi la poudre peut faire le bonheur des uns et le malheur des autres.

INCROYABLE !

- Dans son roman *"De la Terre à la Lune"* écrit en 1865, Jules Verne installe ses héros dans un obus et les catapulte sur la Lune au moyen d'un énorme canon.

Se rendre dans l'espace

- *Depuis l'Antiquité, les hommes rêvent de voyages interplanétaires. Les moyens pour s'y rendre sont souvent farfelus. Cyrano de Bergerac, par exemple, rêve d'un flacon de rosée qui serait attiré par le soleil du matin et permettrait l'ascension de celui qui le porterait à sa ceinture...*

- *Au XVIIIe siècle, la fiction devient réalité avec les frères Montgolfier. Leur ballon rempli d'air chaud s'élève dans l'air.*
- *Le lancement de la première fusée a lieu aux États-Unis en 1926.*

Comment le ballon des frères Montgolfier fait-il pour voler ?

L'air qui remplit le premier ballon des Montgolfier est chauffé par une flamme. Moins dense et donc plus léger que l'air frais extérieur, cet air chaud permet au ballon de s'envoler. Pour les premiers aéronautes, le vol n'est pas de tout repos, car il faut entretenir le feu avec des bottes de paille ! Par la suite, l'air chaud va être remplacé par du gaz, l'hydrogène. Pour contrôler l'altitude et compenser la diminution du gaz, les aéronautes vont jeter des sacs de sable par-dessus bord.

Comment la fusée peut-elle s'élever dans l'espace ?

C'est Isaac Newton qui a trouvé la solution au XVIIe siècle : " À chaque action correspond une réaction égale et contraire . " C'est le principe de fonctionnement de la fusée. En brûlant, le combustible qui alimente le moteur de la fusée projette des gaz en arrière (action). Ces gaz exercent une poussée dans la direction opposée et font avancer la fusée (réaction). C'est comme un ballon qu'on gonfle avec de l'air. Si on le lâche sans fermer l'extrémité, l'air s'échappe et pousse le ballon dans la direction opposée.

Pourquoi un avion ne peut-il pas aller dans l'espace ?

Parce que les moteurs ne sont pas assez puissants pour vaincre la pesanteur. Pour arriver en orbite terrestre, il faut atteindre une vitesse de 28 000 km/h.

Au XVIIe siècle, un savant italien, Lana, imagina de visiter l'espace à bord d'un bateau soulevé par des ballons.

Pourquoi construit-on des fusées à étages ?

Cela permet de se séparer de chaque étage dès que son réservoir est vide et donc d'aller plus haut et plus vite avec une fusée plus légère.

L'avion de ligne le plus rapide, le Concorde, ne dépasse pas 2 000 km par heure.

Comment le moteur de la fusée de Tsiolkovski est-il alimenté ?

Comme on l'a vu, les toutes premières fusées fonctionnent avec de la poudre noire. Tsiolkovski imagine un carburant beaucoup plus puissant : le propergol. C'est le mélange de deux substances : l'une qui brûle (l'essence, par exemple), l'autre qui fournit la réserve d'oxygène indispensable à la combustion. En effet, sans oxygène, il n'y a pas de combustion possible.

INCROYABLE !

- Konstantin Tsiolkovski, l'homme qui a établi les principes de l'aéronautique, était un jeune instituteur russe de 26 ans travaillant seul et sans moyens dans un village proche de Moscou. Grâce à lui, le rêve de voyages spatiaux va devenir réalité.

La course vers l'espace

• *En 1927, l'Allemand Hermann Oberth s'entoure de grands savants et fonde la Société pour les voyages spatiaux. L'Allemagne construit au bord de la mer Baltique un centre conçu pour la recherche et les essais.*
Pendant la Seconde Guerre mondiale, l'Allemagne construit l'A4, connu sous le nom de V2. Le rôle du V2 est uniquement militaire. En 1945, les États-Unis et l'URSS récupèrent les fusées et les chercheurs allemands. C'est à qui atteindra l'espace le premier.

Pourquoi parle-t-on de guerre froide ?

Parce qu'il s'agit d'une guerre dans laquelle les deux pays ne s'affrontent pas mais se menacent en construisant des fusées missiles. Dans les années 50, le monde est divisé en deux blocs opposés : celui de l'Est autour de l'URSS, et celui de l'Ouest autour des États-Unis.

Comment est la fusée A4 ?

C'est un beau spécimen en son genre avec ses 14 m de long et un tour de taille de 1,75 m pour une masse de 12 000 kg. Au lancement, son moteur développe une poussée de 25 t.
Lors de son premier vol, le 3 octobre 1942, elle atteint une vitesse de 1 340 m par seconde et une altitude de 17,7 km. Elle transporte une bombe d'une tonne. Dommage qu'elle serve à faire la guerre !

Pourquoi la fusée A4 fut-elle surnommée le V2 ?

C'est Hitler qui, à propos de l'A4, parla de Vergeltungswaffen, c'est-à-dire d'arme de vengeance. Voilà d'où vient le V !

Pourquoi les Russes et les Américains récupèrent-ils les fusées allemandes et leurs inventeurs ?

Pour exploiter les résultats obtenus en développant en particulier la distance que ces fusées sont capables de franchir. Les Américains étudient le projet d'un missile capable de parcourir

Lancement d'une fusée V2 qui servit de modèle à presque toutes les fusées de l'après-guerre.

8 000 km. Les Russes ont des projets de fusées longue portée capables de transporter des bombes. En 1957, ils lancent leur première fusée intercontinentale : la R-7.

Comment est la R-7 ?

C'est une énorme fusée, 4 fois plus puissante que sa concurrente la Redstone américaine. D'ailleurs, la R-7 va longtemps faire ses preuves. En 1992, elle avait déjà effectué 1 400 tirs. C'est une géante de 30 m de haut et 10,3 m de large à la base. Sa masse est d'environ 300 tonnes au départ et sa poussée au décollage est de plus de 450 tonnes...

Pourquoi les Américains et les Russes veulent-ils à tout prix arriver les premiers dans l'espace ?

Parce qu'ils s'inquiètent de voir leur adversaire occuper l'espace et surveiller le monde. Un gros œil au-dessus de sa tête, ça fait peur, non ? Surtout quand c'est celui de son pire ennemi !

INCROYABLE !

- Parmi les membres de l'équipe du centre d'essais allemand de Peenemünde, sur les bords de la Baltique, figure le Dr H. Bringer, qui sera le père du moteur Viking de la fusée Ariane.

La conquête de l'espace

Les militaires ne sont pas les seuls à s'intéresser aux fusées. Les scientifiques vont les utiliser pour envoyer des instruments au-delà de l'atmosphère et étudier l'environnement spatial : ce sont les fusées-sondes, qui redescendent vers la Terre au bout de quelques minutes. Mieux encore, les scientifiques veulent placer des satellites en orbite autour de la Terre pour prendre des photos et faire des mesures.

Les Russes sont les premiers à réussir l'exploit : le 4 octobre 1957, Spoutnik 1 file autour de la Terre en émettant des " bip-bip ". Les Russes continuent leurs exploits : le 12 septembre 1959, la sonde Luna 2 atteint la Lune. C'est la première fois qu'un engin construit par l'homme touche un autre corps céleste.

Pourquoi envoyer des sondes et des satellites dans l'espace ?

Par exemple, pour connaître l'environnement spatial. Grâce au satellite américain Explorer 1, on a découvert en 1958 que la Terre est entourée d'une ceinture de radiations : la ceinture de Van Allen. Aussi pour observer l'espace ou la Terre et faire des expériences...

Comment les fusées-sondes redescendent-elles sur Terre ?

En parachute, tout simplement.

Pourquoi la fusée-sonde ne reste-t-elle pas en orbite ?

Parce que la fusée-sonde n'arrive pas à se libérer de l'attraction terrestre. Elle s'élève à la verticale jusqu'à 100 km d'altitude à une vitesse de 7 200 km/h avant d'entamer sa descente. Le satellite avance à l'horizontale à 28 000 km/h et à une altitude le plus souvent supérieure à 200 km.

Pourquoi les Américains ont-ils tant de retard sur les Soviétiques ?

Parce qu'ils ne veulent pas utiliser les fusées militaires pour des programmes scientifiques. Il leur faut donc concevoir une nouvelle fusée : ce sera la Vanguard. Les Russes, eux, gagnent du temps en utilisant

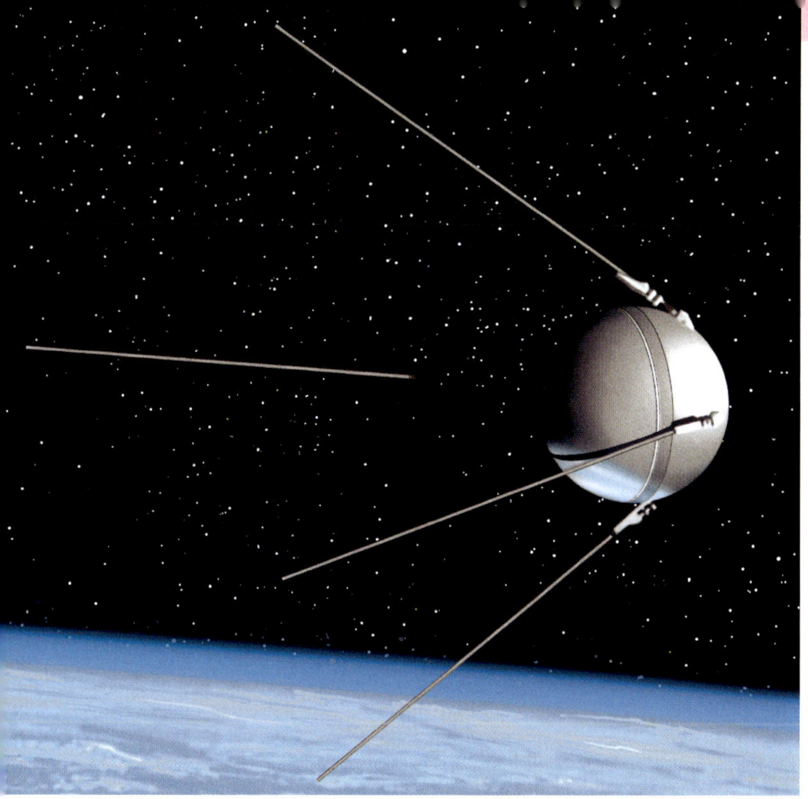

Le premier satellite artificiel, Spoutnik 1, lancé par les Russes, est une boule d'aluminium surmontée de 2 paires d'antennes.

les mêmes engins pour les programmes militaires et civils. Avec l'énorme fusée R-7, ils ont une avance considérable.

Comment est Spoutnik 1 ?

Avec ses 4 antennes, Spoutnik 1 ressemble à une grosse araignée de 83 kg. Il fait un tour de la Terre en 96 min.

Comment les Américains réagissent-ils au passage de Spoutnik 1 ?

Entendre le “ bip-bip ” au-dessus de leur tête est, pour les Américains, d'autant plus énervant que le satellite qu'ils veulent envoyer dans l'espace s'appelle Pamplemousse et ne pèse pas 2 kg.

Un peu ridicule, non ? Ils décident donc d'utiliser eux aussi les fusées militaires pour les projets civils. Le lancement d'Explorer 1 en janvier 1958 est une réussite : il va rester 11 ans dans l'espace.

Comment la sonde Luna 2 a-t-elle fait pour atterrir sur la Lune ?

“ Atterrir ” est un bien grand mot. Le plus juste serait de dire que Luna 2 s'est écrasée dans la région appelée la mer de la Sérénité. Mais, même si la sonde s'est écrasée, c'était un formidable exploit.

INCROYABLE !

- Pas étonnant que les Soviétiques aient pris de l'avance : Sémiorka, leur fusée R-7, pouvait emporter une charge de 1 300 kg, quand la Vanguard américaine ne pouvait transporter que quelques petits kilos.

L'homme dans l'espace

- *On n'envoie pas un homme dans l'espace comme on envoie un robot. Il faut être sûr de pouvoir le ramener sur Terre en bonne santé. Il faut aussi concevoir une capsule pour emmener ce passager et une fusée assez puissante pour le mettre en orbite.*
- *La première héroïne de la conquête de l'espace est une petite chienne russe nommée Laïka. Le 3 novembre 1957, Laïka sort de l'atmosphère à bord de Spoutnik 2.*
- *Trois ans et demi plus tard, le 12 avril 1961, le Russe Gagarine s'envole pour l'espace à bord de la capsule Vostok. Il fait un tour de la Terre sous haute surveillance médicale, à 28 000 km/h.*

Pourquoi a-t-on envoyé des animaux dans l'espace ?

Dans un premier temps, il s'agissait de tester les réactions de leur organisme avant qu'un homme prenne leur place. Bien sûr, ces apprentis astronautes étaient équipés de combinaisons adéquates. Au début, les Russes choisissent des chiens, les Américains préfèrent des singes. Côté français, on envoie le rat blanc Hector et la petite chatte Félicette...
Depuis, c'est toute une ménagerie qui est allée dans l'espace. Grenouilles, serpents, scarabées, moucherons, poissons, fourmis, méduses ont servi à de nombreuses expérimentations.

Comment Laïka est-elle installée pendant son vol spatial ?

La petite chienne avait une niche futuriste mais douillette : matelassée pour qu'elle soit à son aise et pressurisée pour qu'elle puisse respirer. Les électrodes que portait Laïka permettaient de surveiller son rythme cardiaque et sa respiration. Hélas, elle est morte avant de rentrer sur Terre par manque d'oxygène.

Comment Gagarine manœuvre-t-il sa capsule ?

En fait, ce n'est pas Gagarine qui manœuvre la capsule, même si elle est équipée de commandes manuelles de secours. Tout se passe automatiquement depuis le décollage jusqu'à la descente.

Youri Gagarine fut le premier homme à faire le tour de la Terre.

Ce n'est qu'à l'atterrissage, en se séparant de son siège éjectable, qu'il prend les commandes... en actionnant son parachute.

Comment la capsule rentre-t-elle dans l'atmosphère sans brûler ?

Effectivement, vu la vitesse à laquelle la capsule rentre dans l'atmosphère, ses parois peuvent s'enflammer et la capsule se transformer en torche avant de fondre. C'est pourquoi elle est protégée par un revêtement isolant : le bouclier thermique. Même s'il résiste au feu, le bouclier n'empêche pas la température de monter à l'intérieur de la cabine. 39 °C ont été enregistrés lors du plongeon de la cabine américaine Mercury dans l'atmosphère.

INCROYABLE !

- Pendant sa descente vertigineuse à bord de la cabine Mercury, l'astronaute américain Alan Shepard pesait 11 fois son poids sur Terre, c'est-à-dire presque une tonne. Malgré cette incroyable pression, il continuait à travailler.

Comment faire pipi dans une capsule ?

Pas question de construire des toilettes dans un habitacle de 2,30 m de diamètre. Difficile, pourtant, de voyager les fesses trempées… Le premier astronaute américain qui s'est rendu dans l'espace en sait quelque chose. Son vol devant être très court, personne n'avait pensé qu'il aurait envie d'uriner. Alors, c'est dans sa combinaison qu'il a fait pipi. Par la suite, on a conçu des systèmes pour récupérer directement l'urine et l'évacuer de la cabine.

Comment les cosmonautes faisaient-ils pour respirer ?

Dans les cabines russes, les cosmonautes respirent le même air que sur la Terre. Les Américains respirent un air un peu différent mais sans danger pour leur organisme, et qui a l'avantage d'être plus léger.

Comment la capsule freine-t-elle sa course ?

En voyageant à 28 000 km/h, mieux vaut avoir de bons freins pour s'arrêter. Quand la phase de descente commence, les rétrofusées entrent en action en freinant la cabine. Ensuite, les parachutes prennent la relève. Dans le cas de la capsule de Gagarine, il y a un parachute pour le cosmonaute sur son siège éjectable et un second pour la cabine, qui continue sa route toute seule. Le cosmonaute et la cabine atterrissent chacun de son côté.

Pourquoi les Américains amerrissent-ils et les Russes atterrissent-ils ?

Le choix est dicté par la géographie. Le cosmodrome russe de Baïkonour est situé au milieu de terres désertiques des steppes du Kazakhstan. En Amérique, les terres sont plus peuplées, mais il y a beaucoup plus de côtes. Il est donc plus facile d'amerrir. Mais il ne faut pas croire que tous les atterrissages et tous les amerrissages se sont passés en douceur : lors de son premier vol d'essai, la capsule Mercury faillit couler avec un chimpanzé à bord.

Pourquoi dit-on « cosmonaute », « astronaute » et « spationaute » en parlant du même métier ?

Encore une fois, c'est une question de géographie. En Russie, on est cosmonaute. Aux États-Unis, on est astronaute. En France, on est spationaute.

Quelles sensations pour Alexeï A. Leonov qui fut le premier homme à sortir dans le vide spatial.

Comment était la première promenade d'un homme dans le vide spatial ?

Faire des galipettes dans le vide à 28 000 km/h et à 200 km de la Terre, ça ne peut être qu'époustouflant. Le 18 mars 1965, léger comme une plume, Alexeï A. Leonov parcourt 5 000 km en 10 min. Pour pouvoir respirer, il a des bouteilles d'oxygène intégrées à sa combinaison et une sorte de cordon ombilical qui le relie à la capsule pour être sûr de rentrer à la maison.

Comment l'atterrissage d'Alexeï A. Leonov s'est-il déroulé après son exploit ?

Après son incroyable sortie dans le vide spatial, Alexeï A. Leonov est resté suspendu toute une nuit entre deux grands sapins d'une forêt de l'Oural. Après une difficile descente vers la Terre, le vaisseau spatial s'est encastré entre les deux arbres. Incapables d'ouvrir l'écoutille, les deux cosmonautes à bord ont attendu du secours pendant toute la nuit par un froid de canard. Pour couronner le tout, le système de refroidissement ne voulait plus s'arrêter et le chauffage était en panne.

INCROYABLE !

- Le président américain J. F Kennedy fit le serment d'envoyer un homme sur la Lune, car il avait peur que les Russes soient les premiers et décident de l'annexer.

En marche vers la Lune

Les Russes ont envoyé le premier homme et la première femme dans l'espace. Les Américains réagissent : le 25 mai 1961, le président Kennedy lance le pari d'aller sur la Lune. Le projet s'appelle Apollo. Les Russes répondent en développant le programme Soyouz. Pour franchir les 384 000 km qui séparent la Terre de la Lune, le vaisseau doit quitter l'orbite terrestre et filer à 40 000 km/h. Puis il doit ralentir avant de rentrer dans l'orbite de la Lune. Là commence une descente délicate. Il faut ensuite assez de puissance pour quitter la Lune, retrouver l'orbite terrestre et surtout ne pas passer à côté de la Terre.

Pourquoi a-t-on choisi d'envoyer les astronautes sur la Lune ?

Parce que la Lune est à seulement (façon de parler) 384 000 km de la Terre, alors que Mars, lorsqu'elle est au plus près de la Terre, se situe à 56 000 000 de km. En 1969, il faut 3 jours pour atteindre la Lune, alors qu'aujourd'hui encore il faudrait 6 mois pour aller sur Mars.

Pourquoi le voyage Terre-Lune ne dure-t-il pas plus longtemps ?

Malgré la distance à franchir, le voyage est rapide, car le vaisseau est propulsé dans l'espace à 40 000 km/h. Et il n'y a rien dans le vide spatial pour ralentir sa course.

Comment a-t-on fait pour choisir un point d'alunissage ?

C'est vrai qu'avant de se poser, il faut savoir de quoi est faite la surface lunaire, quel poids elle peut supporter, s'il y a beaucoup de cailloux et de pentes... Alors, avant d'expédier des hommes sur la Lune, on envoie des robots en éclaireurs pour connaître non seulement le relief de la Lune mais aussi les températures, la composition du sol... Mais encore faut-il qu'ils arrivent à se poser. En février 1966, après de nombreux échecs, la sonde soviétique Luna 9 est la première à alunir. En juin, le robot américain Surveyor 1 se pose à son tour.

Comment est conçu le vaisseau spatial ?

Il est divisé en 2 parties. C'est dans le compartiment de commande que les astronautes mangent, dorment et travaillent ; ce même compartiment reste en orbite pendant que le module lunaire (Lem) effectue sa mission sur la Lune.

Le Lem, détaché de la capsule Columbia, amorce sa descente vers la Lune. Il utilise des rétrofusées pour ralentir et alunir en douceur.

Comment les Américains savaient-ils que le sol lunaire était suffisamment solide pour recevoir le Lem et ses occupants ?

C'est grâce à Surveyor 1, qui, en se posant sur la Lune, a donné la preuve aux scientifiques que le sol était apte à recevoir de gros engins. Puis les chercheurs ont pu analyser la composition du sol lunaire et constater que, sur la Lune, l'oxygène n'existait pas. En faisant alunir Surveyor, les Américains ont appris à poser leur engin en douceur sur le sol lunaire. Toutes ces informations étaient essentielles pour envoyer en toute sécurité des hommes sur la Lune.

INCROYABLE !

- Avec ses 110 m, la fusée Saturn 5 est aussi haute qu'un immeuble de 33 étages. Un bâtiment a été tout spécialement construit à Cap Canaveral pour l'assemblage des différentes parties de la fusée.

Pourquoi le vaisseau est-il divisé en plusieurs parties ?

En donnant à chaque partie du vaisseau une fonction spécifique, on fait une grosse économie de poids au moment du décollage au départ de la Lune. En effet, le vaisseau Apollo 11 pèse 44 t, mais le Lem, lui, ne pèse que 16 t. On économise donc beaucoup de poids en n'envoyant que le Lem sur la Lune. Il est plus facile de faire décoller un engin de 16 t qu'un vaisseau pesant 44 t. D'ailleurs, le Lem est lui-même divisé en 2 étages, l'un destiné à la descente, l'autre à la montée. L'étage de descente va rester sur la Lune après avoir servi de plate-forme de lancement à l'étage de montée. Cela fait encore du poids en moins.

Comment fait-on pour alunir ?

Comme il n'y a pas d'atmosphère sur la Lune, on ne peut pas utiliser de parachute. Seules des fusées de freinage, les rétrofusées, peuvent ralentir la descente du vaisseau. Quand il se sépare du module de commande, le Lem déploie ses 4 grosses pattes, qui vont lui servir d'amortisseurs lors de l'alunissage.

Comment le Lem fait-il pour rentrer sur Terre ?

Le module lunaire est incapable de rentrer sur Terre. Sans bouclier thermique, il serait transformé en boule de feu lors de l'arrivée dans l'atmosphère. Les astronautes à son bord doivent rejoindre le module de commande, s'y amarrer, passer à l'intérieur et détacher le Lem.

Comment peut-on lancer un engin de 44 tonnes dans l'espace ?

Pour accomplir une telle performance, il faut une fusée très puissante. Le lanceur Saturn 5, qui envoie Apollo 11 en orbite, pèse presque 2 800 t, soit le poids d'environ 12 gros Airbus réunis, et mesure 110 m. Au départ, les 5 moteurs du premier étage fournissent une poussée de 3 500 t.

Pourquoi les Russes n'ont-ils pas réussi à aller sur la Lune ?

L'aventure spatiale n'est pas sans risques et sans échecs. Il y a eu plusieurs accidents du côté soviétique comme du côté américain, et plusieurs hommes sont morts. Le 27 janvier 1967, 3 astronautes américains

Le Lem d'Apollo 11, qui est le module d'atterrissage, était appelé " l'aigle ". L'habitacle était si réduit que les astronautes ne pouvaient pas s'allonger dedans. Ils se reposaient en restant debout !

meurent pendant un entraînement de routine, le feu ayant pris dans la cabine. Trois mois plus tard, c'est le Russe Komarov qui meurt à bord de la capsule Soyouz 1. Sur la base de Baïkonour, les catastrophes s'enchaînent. L'énorme fusée N -1 explose 4 fois de suite. Les Russes abandonnent la course dès que les Américains ont gagné.

Comment fait-on pour amener une fusée géante jusqu'à sa plate-forme de lancement ?

Les Russes transportent les fusées allongées sur des wagons, tandis que les Américains utilisent un gigantesque véhicule à chenilles appelé le Crawler (rampeur). La fusée repose à la verticale sur un plateau grand comme la moitié d'un terrain de football.

INCROYABLE !

- Au début des années 1960, le programme Apollo mobilise près de 377 000 personnes. Ce travail pharaonique a un coût tout aussi pharaonique : environ 100 milliards d'euros.

Les premiers pas sur la Lune

- *1969 : après de nombreux vols d'essai, la route vers la Lune est ouverte. Le 16 juillet à 8 h 32 du matin, sur la base de Cap Canaveral, les 5 principaux moteurs de la fusée Saturn 5 sont mis en route. Douze minutes plus tard, les astronautes Michael Collins, Neil Armstrong, et Edwin Aldrin tournent en orbite terrestre à 28 000 km/h. Le moteur du 3e étage propulse l'équipage hors de l'attraction terrestre. Le vaisseau file, moteur éteint, à 40 000 km/h dans le vide spatial. Le 17 juillet, le vaisseau est en orbite lunaire. Il va se séparer en 2 : Michael Collins reste à bord du module de commande ; Neil Armstrong et Edwin Aldrin se posent sur la Lune à bord du Lem le 20 juillet 1969 à 20 h 17, heure universelle.*

Comment s'appelle le premier homme qui a marché sur la Lune ?

C'est Neil Armstrong qui est descendu le premier de l'échelle du module lunaire. Son pied gauche s'est enfoncé dans la poussière grise qui recouvre la Lune. Debout sur la surface lunaire, il a prononcé la fameuse phrase : “ C'est un petit pas pour l'homme, mais un pas de géant pour l'humanité. ” Son compagnon Edwin Aldrin, surnommé Buzz (eh oui, comme le fameux Buzz l'éclair), l'a suivi quelques minutes plus tard.

Comment le premier homme a-t-il vécu cette expérience ?

Très calmement et sans précipitation ! Quand on explore un endroit qu'aucun être humain ne connaît, mieux vaut être patient, prudent et prêt à toutes les éventualités. Aldrin, qui descendait en second, était quant à lui “plein d'entrain mais avec la chair de poule”. On le comprend.

Comment fait-on pour dormir dans le Lem ?

Le Lem n'a rien d'un hôtel quatre étoiles : on y dort debout, attaché à des harnais.

Pourquoi a-t-on utilisé une Jeep spatiale ?

Il n'est pas facile de se déplacer sur la Lune, surtout avec les combinaisons que portent les astronautes. C'est pourquoi, lors des missions Apollo 15, 16 et 17, ils ont emporté avec eux une sorte

Lors de la première mission Apollo 11, les deux hommes qui ont foulé le sol lunaire ne possédaient pas de Jeep.

de Jeep aux roues très larges. Avec ses 14 km/h en pointe, il n'était pas question pour la petite auto électrique de battre des records de vitesse, mais elle a quand même parcouru 35 km au cours de la mission Apollo 17.

Comment sont habillés les premiers astronautes ?

Comme l'escargot porte sa maison sur son dos, l'astronaute transporte son petit espace vital dans sa combinaison. Celle-ci ressemble à un scaphandre et se compose de 3 épaisseurs de vêtements. Le premier est un petit justaucorps muni d'un dispositif chargé de contrôler les réactions du corps. Le deuxième est équipé d'une multitude de petits canaux où circule de l'eau fraîche pour que les astronautes n'aient pas trop chaud. Enfin, une combinaison très résistante les protège de l'environnement spatial.

INCROYABLE !

- En plaçant sur la Lune un réflecteur, c'est-à-dire une sorte de cible munie de multiples miroirs servant à renvoyer les rayons laser émis depuis la Terre, on peut mesurer la distance Terre-Lune à 10 cm près.

Comment les astronautes respirent-ils ?

La combinaison est pressurisée comme la cabine d'un avion volant en altitude. Cela veut dire qu'on y restitue la pression atmosphérique que l'on trouve sur Terre. L'astronaute peut donc respirer normalement.

Pourquoi y a-t-il de l'or dans les casques des astronautes ?

Parce que la fine pellicule d'or renvoie à la fois la chaleur et la lumière. Les rayons ultraviolets du Soleil peuvent rendre aveugle et la Lune, contrairement à la Terre, n'a pas d'atmosphère pour les arrêter.

Comment le drapeau que les astronautes ont planté dans le sol lunaire peut-il flotter dans le vide ?

Il ne flotte pas, puisqu'il n'y a pas d'atmosphère. C'est une tige métallique qui le maintient déployé.

Pourquoi est-il si difficile de marcher sur la Lune ?

C'est à cause de la gravité 6 fois moins grande que sur la Terre. Lorsqu'ils marchent, les astronautes ont l'impression de flotter. À chaque saut, ils rebondissent en atterrissant. Et quand ils veulent courir à petites foulées, ils ne peuvent pas s'arrêter net.

Comment les astronautes font-ils pour collecter les échantillons ?

Vu les problèmes d'équilibre que pose l'apesanteur, les astronautes sont équipés d'une pince à long manche pliable qui leur évite de trop se pencher. Les échantillons sont ensuite placés dans des boîtes hermétiques. Lors de cette première expédition, ils rapportent 21 kg d'échantillons et, lors de la dernière, 110 kg.

Pourquoi a-t-on rapporté des échantillons de la Lune ?

Pour les analyser sur Terre et ainsi mieux connaître la Lune, comprendre sa composition et découvrir son âge.

Lors des missions Apollo qui se sont succédé après 1969, les astronautes ont exploré différentes parties de la Lune, réalisé des expériences et prélevé des échantillons de roches.

Comment a-t-on pu voir les astronautes à la télévision ?

Il y a une caméra embarquée dans le Lem, que les astronautes vont fixer sur un trépied pour pouvoir partager leur extraordinaire expédition avec les 733 millions de téléspectateurs qui les regardent à la télévision.

Pourquoi n'envoie-t-on pas d'autres hommes sur la Lune ?

Durant les 6 missions Apollo, les Américains ont photographié la Lune, ont fait des prélèvements et accompli toutes sortes d'expériences. En 1972, ils mettent un terme à cette extraordinaire et très coûteuse exploration. Aujourd'hui, des robots seraient tout aussi capables de se déplacer, de faire des photographies, d'analyser les échantillons... Et, en plus, cela coûterait beaucoup moins cher que d'envoyer des hommes.

INCROYABLE !

- Au cours des 6 missions Apollo, de 1969 à 1972, les astronautes ont comptabilisé plus de 19 jours dans l'espace, dont 80 h 18 min sur la Lune. Au total, ils ont rapporté 385 kg de sol lunaire.

Les lanceurs

- *La fusée est un véhicule de lancement. La charge qu'elle emporte dans l'espace s'appelle la charge utile. Il peut s'agir d'un satellite à placer en orbite, d'un compartiment à ajouter à une station spatiale ou bien d'une sonde à envoyer vers une planète lointaine.*
- *Avec ses 705 t, Proton, le lanceur soviétique, est un poids lourd de l'espace. Il existe des lanceurs légers utilisés pour le lancement de petites charges. À partir de 2005, le petit lanceur européen Véga devrait placer en orbite des satellites pesant jusqu'à 1 t.*

Comment les fusées font-elles pour décoller ?

Au décollage, les lanceurs sont très lourds. Ariane 5, par exemple, pèse 717 t. On dispose donc de propulseurs d'appoint autour du premier étage de la fusée pour l'aider à décoller. Après quelques minutes de vol, les propulseurs, qui ont utilisé tout leur carburant, se détachent automatiquement. La fusée continue sa course avec ses propres moteurs.

Pourquoi la fusée a-t-elle plusieurs étages ?

Pour être plus puissante. À chaque étage, il y a des moteurs et des réservoirs. Les différents étages fonctionnent les uns après les autres, un premier, un deuxième, un troisième : cela permet aux vitesses de s'additionner. Les étages à court de carburant se détachent les uns après les autres. La fusée devient donc de plus en plus légère et de plus en plus rapide.

Pourquoi lance-t-on les fusées tout droit dans le ciel ?

Pour qu'elles traversent l'atmosphère le plus rapidement en étant le moins possible freinées par l'air. Ce n'est que dans un second temps qu'elles s'inclinent pour pouvoir installer un satellite sur une orbite.

Comment les fusées redescendent-elles sur Terre ?

Par petits bouts. Il est donc impossible de réutiliser la fusée. Au cours de

l'ascension, elle se divise en morceaux qui retombent vers la Terre ou brûlent dans l'atmosphère, une fois leur tâche accomplie. Ce sont d'abord les propulseurs qui retombent, puis les différents étages qui se décrochent successivement après utilisation.

Le lanceur soviétique Proton peut placer en orbite une charge de 21 t.

Comment seront les lanceurs du futur?

L'objectif est de concevoir des lanceurs réutilisables, ce qui permettrait de faire de sérieuses économies.

Une fusée comme Ariane 4 coûte 100 millions de dollars. Aujourd'hui, à chaque lancement, c'est autant de millions qui finissent en poussière !

Pourquoi les fusées ont-elles une forme de suppositoire ?

C'est cette forme élancée qui leur permet de pénétrer plus facilement dans l'air.

INCROYABLE !

- Le lanceur soviétique Energia est le plus imposant du monde. Avec une masse au lancement de 3 850 t, ce mastodonte est capable d'emporter une charge utile pesant 200 t !

La navette américaine

• *En 1972, les Américains annoncent la construction d'un engin spatial révolutionnaire capable non seulement de transporter des hommes et du matériel dans l'espace, mais aussi d'être réutilisé.*
Cet engin s'inspire de l'avion-fusée imaginé cinquante ans plus tôt par l'ingénieur allemand Eugen Sänger, capable d'atteindre 22 000 km/h, de voler à 250 km d'altitude et de rejoindre sa base après avoir bouclé un tour du monde.
La navette est prête en 1981.

Comment se passe le lancement de la navette ?

Comme 2 bâtons de poudre géants, les 2 propulseurs d'appoint fournissent une grande partie de l'énergie nécessaire au lancement de la navette. Arrivés à environ 50 km d'altitude au-dessus de l'océan, leur combustible étant consommé, ils se décrochent de la navette et ouvrent leur parachute avant l'amerrissage. Après 8 min de vol, les moteurs de la navette ont consommé les 750 t de carburant du grand réservoir externe. Celui-ci se sépare de la navette avant de se désintégrer. La navette continue seule sa route.

Comment fait-on pour réutiliser la navette ?

Il faut repêcher les propulseurs d'appoint, qui, après une descente en parachute, sont tombés dans l'océan. Ce n'est pas une mince affaire ! Plusieurs centaines de personnes participent au sauvetage. Même si les dégâts sont limités, il faut changer une partie des pièces constituant ces propulseurs. Quant à la navette, une fois de retour, elle ne sera en état de marche qu'après 3 mois de révision au cours desquels environ 7 000 personnes seront mobilisées. Le réservoir, quant à lui, est définitivement perdu. Compte tenu de tous ces impératifs, il ne peut pas y avoir plus d'une dizaine de vols par an. Et encore faut-il compter avec plusieurs navettes.

La navette est rapatriée vers la base de lancement sur le dos d'un gros Boeing 747 aménagé à cet effet. La queue de la navette est coiffée d'un chapeau afin de protéger les moteurs.

Comment la navette est-elle conçue?

La navette, c'est l'avion qui transporte l'équipage et le matériel nécessaire à la mission. Avec ses 37 m de long, elle a les dimensions d'un avion moyen-courrier. Elle se compose d'un poste de pilotage et d'un espace d'habitation prévu pour 8 personnes, situé sous le poste de pilotage. Un tunnel relie les cabines avant à la soute, qui peut contenir un laboratoire spatial, des satellites, ou des éléments de la Station spatiale internationale.

Pourquoi Challenger a-t-elle explosé ?

C'est un joint défectueux qui provoqua une fuite de combustible et conduisit à l'explosion de la navette à peine une minute après le décollage. Les sept membres de l'équipage furent tués, dont l'enseignante Christa McAuliffe, qui avait gagné un concours pour voyager à bord.

DEVINETTE

- D'où viennent les noms Columbia, Challenger, Discovery, Atlantis et Endeavour ? Les 4 premières ont reçu le nom d'un voilier célèbre. La dernière a été baptisée Endeavour, ce qui signifie "effort".

Comment la navette est-elle protégée lors de sa rentrée dans l'atmosphère ?

Comme tous les vaisseaux spatiaux, la navette est recouverte d'un revêtement isolant qui lui permet de ne pas prendre feu lors de la rentrée dans l'atmosphère. Les parties les plus exposées aux frictions, comme le nez, le ventre, le dessous des ailes, sont recouvertes d'une sorte de mosaïque de briques en fibre de silice. Chacune de ces milliers de briques est soigneusement numérotée, puis placée et remplacée à la main. D'où le surnom de « brique volante » donné à la navette.

Comment la navette fait-elle pour atterrir ?

La navette atterrit comme un gros planeur moins d'une heure après avoir achevé sa mission en orbite. Elle sort son train d'atterrissage situé sous ses ailes et son nez et déploie un parachute pour freiner sa course.
C'est à 370 km/h qu'elle touche la piste, soit le double de la vitesse d'un avion de transport ! En plus le pilote n'a pas le droit de rater son approche, car elle doit impérativement atterrir du premier coup, ses moteurs n'étant plus utilisables.
Selon la météorologie, le pilote a le choix entre la piste de Cap Kennedy ou une piste de sable de la base militaire d'Edwards en Californie. Ouf !

Comment peut-on embarquer un satellite à bord de la navette ?

Il y a toute la place nécessaire dans la soute de 18 m de long.

Comment la navette fait-elle pour placer un satellite sur son orbite ?

Quand la navette se trouve à 300 ou 400 km de la Terre, les astronautes ouvrent la soute. C'est le moment de lâcher le satellite ou d'actionner le bras robotisé de la navette, qui va sortir le satellite de la soute avant de le lâcher. Comme avec une fusée, le satellite peut alors avoir besoin d'un moteur spécial pour continuer son voyage vers une orbite située bien plus haut. Avec l'arrivée de la navette en 1981, les Américains ont cru pouvoir se passer des lanceurs classiques, mais, après l'accident de Challenger et vu le coût des missions, ils ont révisé tous leurs programmes et réutilisé des fusées “ jetables ”, comme Titan ou Delta, pour les missions ne nécessitant pas la présence d'astronautes.

Le rôle de la navette spatiale est de transporter des astronautes vers une station spatiale ou pour les ramener sur Terre, de lancer des satellites ou des sondes, et de permettre la réalisation d'expériences quand elle emporte avec elle un laboratoire, comme Spacelab.

Pourquoi utiliser la navette plutôt qu'un lanceur classique ?

Parce que certaines missions nécessitent la présence de l'homme, comme les expériences menées à bord dans le laboratoire ou les réparations dans l'espace. Elle peut aussi servir au transport des astronautes vers une station spatiale...

Pourquoi d'autres pays n'ont-ils pas construit des navettes ?

Certains y ont fortement pensé. C'est le cas de l'Europe avec le projet d'une « mini-navette ». Capable d'emmener dans l'espace un équipage de 3 personnes et une charge de 3 tonnes, Hermès devait pouvoir rester 9 jours en orbite. Le premier vol devait avoir lieu en 2002, mais le projet a été annulé.

INCROYABLE !

- En novembre 1984, le satellite Westar se trouvait sur une mauvaise orbite. Un astronaute l'a rapporté dans la soute de la navette, pour être redescendu sur Terre et lancé à nouveau.

Ariane

- Le premier projet de lancement européen date de 1961. Après des débuts difficiles, le programme Ariane voit le jour en 1974.

- Le premier essai en vol d'Ariane a lieu en 1979. Depuis, plusieurs versions améliorées ont vu le jour. Aujourd'hui, 2 modèles sont utilisés : Ariane 4, qui lance des satellites pesant entre 2 et 4,7 t ; Ariane 5, qui peut satelliser une charge de 6 t, voire 12 t à la fin de l'année 2005.

- Capable de lancer 2 satellites lors d'une même mission, Ariane connaît un succès spectaculaire. Elle emporte 60 % du marché des satellites commerciaux.

Comment se déroule le lancement d'Ariane 4 ?

Tous les lancements d'Ariane ont lieu sur la base de Kourou, en Guyane. À la fin du compte à rebours, la fusée décolle dans un bruit infernal. Huit moteurs sont nécessaires pour soulever jusqu'à 470 t. À peine quelques secondes plus tard, Ariane est déjà à plusieurs kilomètres de la Terre ! Les propulseurs d'appoint se décrochent et retombent dans l'océan Atlantique.

Quelques minutes après, le premier étage, à court de carburant, retombe à son tour. De plus en plus légère, la fusée accélère sa course. Vers 150 km d'altitude, le chapeau qui protège son nez s'ouvre en deux et tombe à l'eau. À environ 200 km d'altitude, la fusée cesse son ascension et se couche sur le côté pour pouvoir lancer son satellite dans la bonne direction. Après quelques minutes de poussée horizontale, le troisième étage libère le satellite, qui reste seul en course. S'il y a un deuxième satellite, Ariane change son orientation pour pouvoir le lancer dans la bonne direction.

Comment Ariane peut-elle se guider seule ?

Pas question de laisser Ariane gambader à sa guise au-dessus de nos têtes ! La fusée possède un cerveau électronique qui veille à chaque instant à ce que sa trajectoire corresponde bien à la trajectoire prévue au départ de la mission.

Comment fait-on pour changer la trajectoire ?

Comme tous les lanceurs classiques, Ariane n'a pas

de pilote. Comme il n'y a pas d'air dans l'espace, on ne peut pas non plus utiliser des ailerons, comme on le fait sur un avion. Le seul moyen de corriger la trajectoire est de changer l'orientation des jets de gaz de combustion que la fusée rejette derrière elle et qui la propulse dans le vide.

Ariane est une fusée européenne. Douze pays participent à sa construction.

Comment Ariane lance-t-elle les satellites qui lui sont confiés ?

C'est un ordinateur placé à l'intérieur du dernier étage de la fusée qui oriente le satellite dans la direction souhaitée. Le nez de la fusée est ouvert : la fusée abandonne son satellite, qui s'élance à 10,2 km/s.

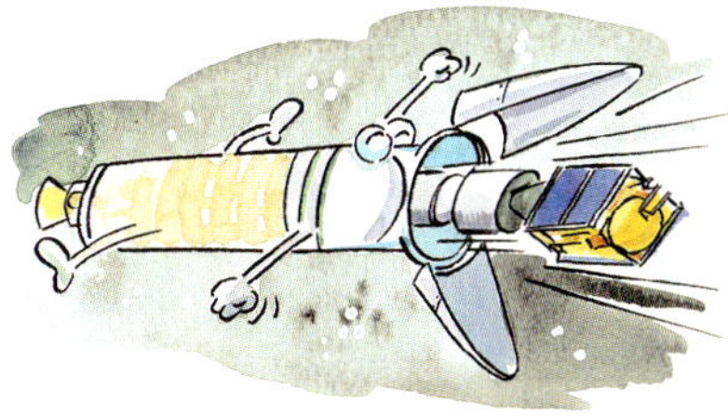

Pourquoi les Européens ont-ils construit Ariane ?

Pour effectuer leurs expériences spatiales et lancer leurs satellites sans dépendre des Russes ou des Américains.

INCROYABLE !

- L'objectif actuel est de pouvoir préparer la fusée Ariane 5 en 20 jours seulement à compter du moment où ses différentes parties sont arrivées à Kourou. Ce délai record permettra d'effectuer 8 à 10 lancements par an !

Comment fonctionne Ariane 5 ?

L'étage principal d'Ariane 5 fonctionne avec un seul moteur qui développe 100 t (bientôt 138), de poussée dans le vide. Ce fameux moteur Vulcain est le plus gros moteur-fusée jamais mis au point en Europe. Sa mise à feu, 7 s avant le tir, permet de contrôler son fonctionnement. Deux propulseurs à poudre de plus de 30 m de haut ont pour mission d'arracher le lanceur du sol en fournissant 90 % de la poussée lors du décollage. Enfin, le troisième étage, destiné à lancer la charge utile en orbite, possède son propre moteur.

Comment fabrique-t-on Ariane ?

De très nombreuses entreprises participent à la fabrication d'Ariane, chacune selon sa spécialité. Chaque pièce est testée avant d'être acheminée vers la base de lancement. Construire un tel engin exige des soins minutieux, car les matériaux devront affronter les conditions très particulières du lancement et du vide spatial. Une des priorités est la légèreté, afin de limiter la consommation de carburant. Une autre est la résistance, car les matériaux doivent supporter des vibrations considérables lors du lancement. Une structure sur mesure a été mise au point par les ingénieurs spatiaux. En s'inspirant de la manière dont les abeilles construisent leur nid, ils ont imaginé une structure qui, grâce à des milliers de petites alvéoles, allie robustesse et légèreté.

Comment transporte-t-on la fusée jusqu'à la base en Guyane ?

Par petits bouts, car, vu sa taille, il n'est pas question d'assembler la fusée ailleurs que sur sa base de lancement. C'est donc en bateau que l'on transporte les différentes parties du lanceur jusqu'au site de lancement de Kourou. La charge utile, un satellite par exemple, arrive par avion.

Comment fait-on pour transporter la fusée jusqu'à son pas de tir ?

La fusée est assemblée directement sur une gigantesque table mobile posée sur des rails. Le travail accompli, la fusée est tractée debout jusqu'à la zone de tir. C'est là que l'on procède aux dernières préparations ainsi qu'à l'embarquement de la charge utile. À peine une première fusée est-elle prête à être lancée qu'une deuxième est déjà en train d'être préparée. Un vrai travail à la chaîne !

La fusée Ariane est tractée jusqu'à sa zone de tir.

Pourquoi a-t-on peint des drapeaux sur la fusée Ariane ?

Ces drapeaux sont ceux de tous les pays qui participent à sa construction. C'est joli, et tout le monde est content d'avoir son drapeau inscrit sur le fuselage de la fusée.

Pourquoi Ariane a-t-elle tant de succès ?

Parce que la fusée européenne sait s'adapter à la demande. Il existe en effet plusieurs versions d'Ariane.

Le nombre et le type de propulseurs d'appoint varient selon la mission que la fusée a à effectuer. En adaptant ses performances aux charges utiles qu'elle transporte et en faisant en sorte d'être correctement chargée, Ariane réduit le coût du lancement.

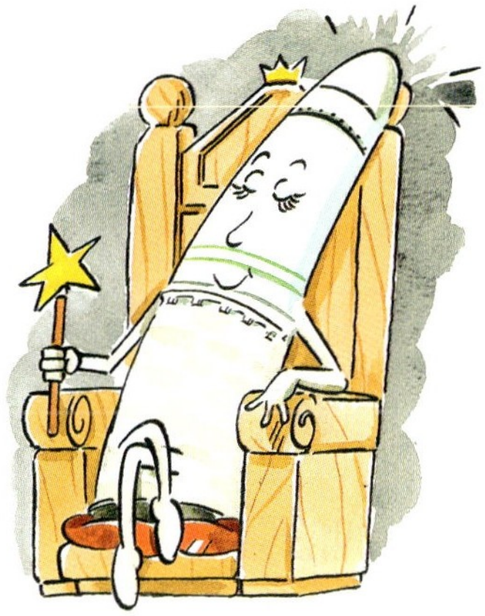

INCROYABLE !

- Ariane 5 ne se contente pas d'envoyer des satellites en orbite, c'est elle qui va être chargée de lancer le futur vaisseau-ravitailleur européen (ATV) de la Station spatiale internationale.

La mise en orbite terrestre

- *Installer un objet en orbite autour de notre planète, c'est le placer au-dessus de l'atmosphère et faire en sorte qu'il n'arrête pas de tourner autour de la Terre. Seule une fusée peut placer un objet en orbite, car elle seule atteint la vitesse nécessaire pour se libérer de l'attraction terrestre.*
- *Sa mission est très délicate, car elle doit placer sa charge à une altitude et à une vitesse très précises. Lancé à trop faible allure, le satellite retombe ; lancé trop vite, il s'enfuit à tout jamais dans l'espace. Une fois placé à la bonne altitude et à la bonne vitesse, le satellite tourne comme sur des rails sans s'arrêter. Il existe plusieurs orbites, étagées au-dessus de la Terre.*

Comment fait-on pour immobiliser des satellites dans le ciel ?

On a l'impression que certains satellites restent immobiles dans le ciel, mais ce n'est pas vrai. En réalité, ils se déplacent à la même vitesse que la Terre. On dit qu'ils sont placés en orbite géostationnaire.
Imaginons un enfant qui court à côté d'un camarade installé sur un manège. Si le petit coureur cale sa vitesse sur celle du manège, il restera toujours en face de son copain.

Pourquoi dit-on « géosynchrone » ?

On dit d'un satellite qu'il est sur une orbite géosynchrone quand il fait le tour de la Terre en 24 heures. L'orbite géostationnaire est une orbite géosynchrone particulière. Un satellite fait plus ou moins rapidement le tour du globe selon l'orbite sur laquelle il est placé. Plus il est près de la Terre, plus il tourne vite.

Comment décide-t-on de l'orbite d'un satellite ?

Cela dépend de la mission qu'on lui confie. Les satellites espions rôdent au plus près de la Terre, vers 100 km d'altitude ; la Station spatiale internationale est installée vers 400 km, le télescope Hubble vers 600 km ;

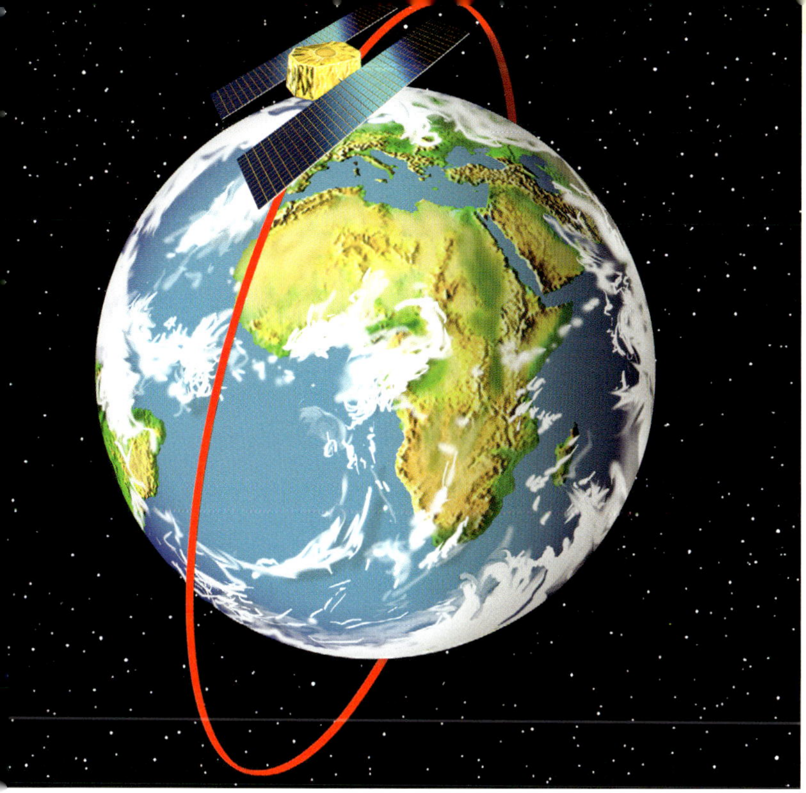

Suivant leur mission, les satellites sont sur une orbite plus ou moins proche de la Terre.

les satellites d'observation se situent entre 700 et 1 000 km : tous sont sur des orbites dites basses. Ensuite viennent les satellites de positionnement, placés à 20 000 km d'altitude, puis des satellites météorologiques et de télécommunications, situés à 36 000 km de la Terre.

Pourquoi n'existe-t-il pratiquement pas d'orbite à une altitude inférieure à 200 km ?

Parce que l'atmosphère freinerait la course du satellite et le ferait trop vite retomber sur la Terre. Du haut de ses 100 km, le satellite espion fait moins le fier quand

il doit être remonté au bout de quelques jours, sous peine de retomber. Pour ce faire, on rallume un moteur qui le remontera jusqu'à son orbite.

Comment fait-on pour sortir d'une orbite ?

On freine, voilà tout. C'est le cas de la navette spatiale américaine, une fois sa mission accomplie. En réduisant sa vitesse, elle perd de l'altitude. Une fois rentrée dans l'atmosphère, il ne lui reste plus qu'à atterrir.

INCROYABLE !

- Au-delà de 36 000 km d'altitude, il existe une orbite dite « cimetière ». C'est là que l'on envoie les satellites géostationnaires qui ont rendu l'âme.

Les satellites

- *Depuis Spoutnik, des milliers de satellites ont été lancés dans l'espace. Aujourd'hui, il y en a plus de 500 qui tournent au-dessus de nos têtes. La plupart pèsent des centaines ou des milliers de kilos. Désormais, on cherche à développer des engins très petits (moins de 10 kg), mais très intelligents.*
- *Les satellites prennent une place considérable dans notre vie de tous les jours. Grâce à eux, on peut téléphoner aux quatre coins de la Terre, regarder la télévision, savoir le temps qu'il va faire, connaître la position des bateaux, des avions et même des bus...*

Comment fait-on pour se débarrasser des satellites qui ne fonctionnent plus ?

Soit les satellites sont victimes d'un accident, soit ils meurent de vieillesse, mais, quelle que soit leur fin, leur durée de vie est limitée. Elle varie de 2 à 5 ans pour un satellite en orbite basse, de 10 à 15 ans pour un satellite en orbite géostationnaire. Les satellites en orbite basse connaissent la même mort que les étoiles filantes en se désintégrant dans l'atmosphère. Quant aux satellites situés plus haut, ils n'en finissent pas de dériver. Ainsi, le ciel est encombré de vieilles épaves. Les débris de toutes tailles et de toutes provenances se comptent par milliers.

Comment fait-on pour éviter les collisions avec les vaisseaux spatiaux ?

C'est vrai que dans l'espace le moindre impact a un effet redoutable. Avec ses 10 km/s, un ridicule grain de poussière a le même effet qu'une boule de pétanque lancée à 100 km/h ! Alors, pour éviter les accidents, on suit la trajectoire des satellites et l'on surveille tous les débris mesurant au moins 10 cm.

Comment peut-on limiter les dégâts en cas de collision ?

Contre les poussières incontrôlables, on peut toujours utiliser des sortes de structures pare-chocs constituées d'une double épaisseur de matériau, la première détruisant la poussière ou l'absorbant.

Comment fabrique-t-on les satellites ?

Fabriquer un satellite n'est pas une mince affaire, car l'engin doit être capable d'affronter l'espace pendant plusieurs années, de supporter des radiations, des écarts de température considérables, de supporter les vibrations lors du décollage du lanceur. Bref, il doit être à toute épreuve. Les satellites européens passent entre autres dans un grand simulateur spatial, appelé LSS, qui imite le vide, les radiations et la chaleur que l'on retrouve dans l'espace. Ce n'est qu'une fois les examens passés avec succès que le candidat obtient le droit de s'envoler.

Pourquoi certains satellites sont-ils près de la Terre et d'autres très loin ?

Tout dépend du travail qu'ils ont à faire. Plus le satellite est haut, plus il voit large. C'est intéressant pour les satellites de télécommunications, qui peuvent observer de très larges portions de la Terre. Du haut de ses 36 000 km, le satellite géostationnaire voit presque la moitié de la Terre, tandis qu'un satellite placé en orbite basse ne voit qu'une partie de la planète. C'est le cas des satellites espions, qui, lorsqu'ils frôlent la Terre, ont pour mission de surveiller une région très précise.

INCROYABLE !

- La préparation d'un satellite peut durer plus de 2 ans. Chaque étape est menée avec beaucoup de minutie par un personnel très qualifié. Le montage est une étape à haut risque : toute poussière est bannie !

Comment fonctionnent les satellites ?

Tous les avions se ressemblent avec leur guidon en guise de volant, leurs ordinateurs de bord, leur réservoir de kérosène.
Il en est de même pour les satellites, qui disposent tous des mêmes équipements rassemblés sur ce qu'on appelle la plate-forme. Il y a un ordinateur qui permet de contrôler le fonctionnement du matériel embarqué pour la mission, il y a des émetteurs et des récepteurs qui assurent la liaison avec la Terre. Et encore un système de distribution d'énergie électrique, des moteurs...

Comment amène-t-on l'électricité sur un satellite ?

Il n'y a pas de câble géant pour apporter l'électricité jusqu'au satellite, c'est le Soleil qui s'en charge.
Lorsque le satellite se place sur son orbite finale, il déploie les panneaux solaires qui vont fournir l'énergie nécessaire à son fonctionnement. Une partie de cette énergie est stockée dans des batteries, de manière que le satellite continue à fonctionner lorsqu'il est dans l'ombre de la Terre, les batteries prenant alors la relève.

Comment le Soleil peut-il faire de l'électricité ?

Les panneaux solaires sont constitués de capteurs qui emprisonnent l'énergie des rayonnements du Soleil et la transforment en électricité.

Comment fait-on quand le satellite n'est pas dans la bonne position ?

Dans l'espace, un changement de trajectoire peut toujours survenir à cause des frottements, de l'attraction du Soleil ou de la Terre... Mais le satellite n'est pas lâché tout seul dans le vide. Au sol, il y a un centre qui le suit grâce à son système d'émetteurs et de récepteurs. Pour rétablir la trajectoire, les contrôleurs qui travaillent dans la station de poursuite activent régulièrement de petits moteurs embarqués sur le satellite.

Comment le satellite sait-il où il est ?

Au cœur du satellite, il y a un centre de contrôle chargé de surveiller sa position.
Ce sont de petits appareils, les senseurs, qui calculent sa position par rapport au Soleil, aux étoiles ou à la Terre.

Early Bird est un satellite civil d'observation et de cartographie. Il a été lancé le 24 décembre 1997 de Snobodny, en Russie. Il est capable de voir des objets de 3 m au sol.

Comment un satellite peut-il aider à soigner des gens ?

On utilise les télécommunications par satellite pour soigner les malades qui se trouvent dans des endroits isolés. Pour cela, il faut une valise très spéciale contenant entre autres un micro-ordinateur, un enregistreur, un appareil photo numérique, certains équipements médicaux tout simples comme un thermomètre électronique, enfin un GPS et un terminal satellite. Le porteur de la valise n'a pas besoin d'être médecin pour constituer le dossier médical du patient. Une fois les informations recueillies, il les transmet au satellite, qui les envoie à son tour à un docteur travaillant dans un centre de régulation médicale, lequel va dire ce qu'il convient de faire : c'est une téléconsultation.

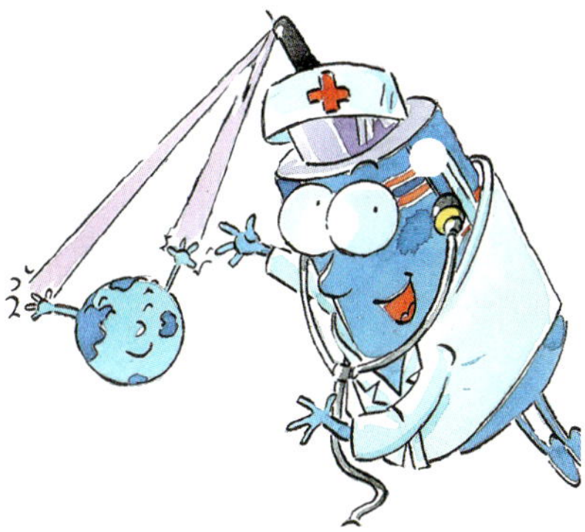

INCROYABLE !

- Dans l'espace, toutes les poussières ne sont pas malvenues. Il arrive que les scientifiques les attrapent avec un satellite possédant un matériau particulier qui emprisonne les poussières sans les détruire.

Les sondes et les ballons

- *Aujourd'hui, l'homme ne peut pas voyager dans tout le système solaire. Il y envoie des sondes et des robots pour explorer l'espace à sa place. Ces vaisseaux-robots effectuent toutes sortes d'expérimentations scientifiques qui parviennent jusqu'à la Terre par le biais d'émetteurs.*
- *Le Soleil et la plupart des planètes ont déjà été approchés par les sondes. Celles-ci peuvent se placer en orbite pour mieux étudier leur cible. Parfois elles transportent une autre sonde ou un robot capable d'atterrir. Lorsque les scientifiques français veulent effectuer des études aux abords de la Terre, ils utilisent des ballons avec à bord des instruments scientifiques.*

Pourquoi envoyer des sondes dans l'espace ?

Pour mieux comprendre le système solaire. C'est grâce aux sondes que l'on sait à quoi ressemblent la majorité des planètes, de quoi leur surface est faite, quelle est la densité de leur atmosphère, quelles températures y règnent. En 1959, la sonde soviétique Luna 3 a dévoilé la face cachée de la Lune. Plus tard, la sonde soviétique Venera 4 a révélé le vrai visage de Vénus, plus proche de l'enfer que du paradis qu'on imaginait...

Comment les sondes reviennent-elles sur Terre ?

Pas question en général pour elles de rentrer à la maison. Jusqu'à présent, leur voyage est sans retour. Certaines finissent même par sortir du système solaire. Qui sait si elles ne joueront pas un jour les ambassadrices de la Terre auprès d'extraterrestres ? Dans cette éventualité, elles transportent des messages, des sons et des musiques pour présenter notre planète. Pour que ET sache à qui il a affaire, l'image d'un homme et d'une femme a été gravée sur une plaque d'aluminium doré à côté d'un plan du système solaire.

Comment la sonde Pathfinder a-t-elle atterri sur Mars ?

En douceur, grâce à des coussins d'air ! Après, elle a déployé 2 rampes et libéré Sojourner, un petit robot à 6 roues, qui est parti explorer la surface de la planète rouge. Il y a effectué des analyses chimiques sur

Comment le robot Sojourner a-t-il fait pour ne pas heurter les obstacles qui se trouvent à la surface de Mars ?

Sojourner est un petit robot assez intelligent pour voir les obstacles et les éviter en les contournant. Il peut même lever une roue si c'est nécessaire.

différents types de roches, prélevé des échantillons, pris des photos...

Sojourner est un robot pas plus large qu'une valise. Il avance de 40 cm à la minute environ.

Comment a-t-on su que Sojourner était arrivé sain et sauf sur Mars ?

Après avoir atterri, Sojourner a lancé un signal radio vers la Terre. L'un des techniciens qui l'a entendu a déclaré :

" Ça a été comme un coup de téléphone qui dit : Maman, tout va bien. "

INCROYABLE !

- En 2008, on examinera les pierres récupérées sur Mars par un robot ! Le CNES et la NASA travaillent ensemble sur cette mission nommée Mars Sample Return.

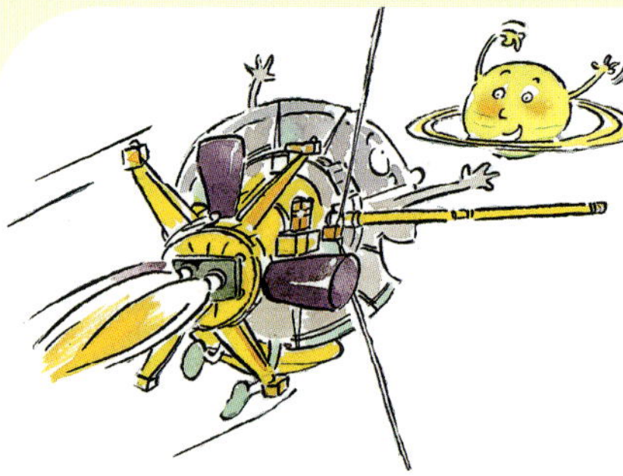

Pourquoi l'ESA envoie-t-elle la sonde Huygens sur Titan ?

Pour savoir ce que cache l'atmosphère du mystérieux satellite de Saturne et peut-être, par ce biais, mieux connaître les origines de la Terre. En effet, Titan est le seul endroit du système solaire où l'on retrouve une atmosphère épaisse dont les gaz principaux sont les mêmes que ceux de l'atmosphère terrestre.

Comment la sonde Huygens va-t-elle faire pour aller jusque là-bas ?

Depuis 1997, Huygens voyage à bord de la sonde américaine Cassini. Celle-ci la larguera dans l'atmosphère de Titan en 2004. Un bouclier thermique protégera la sonde lors de son passage dans la haute atmosphère de Titan. Puis, délestée de son bouclier et ralentie par des parachutes, la sonde aura environ 2 heures et demie pour étudier la basse atmosphère de Titan. Comme on ne sait pas si la surface de Titan est solide ou fluide, Huygens est prête aux deux éventualités : elle peut atterrir sur un sol ferme comme sur un lac de méthane.

Pourquoi envoyer les sondes étudier les comètes ?

Considérées par les scientifiques comme les restes de matières qui n'auraient pas servi à la formation de la Terre et des autres planètes, elles pourraient être de véritables mines de renseignements. En 1986, la sonde Giotto a croisé la comète de Halley et il est prévu qu'en 2003 la sonde Rosetta parte en direction de la comète de Wirtanen. Après 8 ans de voyage, elle se placera en orbite autour du noyau de la comète, puis larguera un petit robot qui prélèvera des échantillons de la surface de la comète et les analysera sur place.

Pourquoi utiliser des ballons ?

On utilise des ballons là où on ne peut pas utiliser les satellites. En effet, à des altitudes très basses, comprises entre 10 et 45 km, le ballon est irremplaçable. Et lancer un ballon coûte bien moins cher que lancer un satellite.

Comment sont-ils ?

Il existe aussi bien de petits ballons de quelques m^3 que des gros d'un million de m^3. Tout dépend de la mission qui leur est confiée ! La durée de vol varie de quelques heures à quelques semaines et la charge d'instruments embarquée de quelques kilos à plusieurs milliers.

Le ballon est gonflé avec un gaz plus léger que l'air.

Comment font-ils pour s'envoler ?

Pour que le ballon s'envole, on le gonfle avec un gaz plus léger que l'air. Le ballon décolle alors en entraînant sa nacelle avec lui.

Comment dirige-t-on un ballon ?

En principe, on ne dirige pas les ballons. Ils vont où le vent les emporte. Cependant, dans le cadre de certaines expériences, il peut être nécessaire de contrôler leur montée et leur descente par télécommande. Pour que le ballon monte, on lâche du lest ; pour qu'il descende, on laisse s'échapper du gaz en ouvrant un orifice situé au sommet de l'enveloppe.

Comment fait-on pour récupérer les expériences ?

Pour récupérer en douceur les instruments scientifiques placés dans la nacelle, on libère l'enveloppe du ballon et l'on déploie un parachute accroché à la nacelle.
Il ne reste plus qu'à mesurer la vitesse et la direction du vent pour savoir où elle va se poser.

INCROYABLE !

- Certains ballons sont faits d'une enveloppe de latex qui se dilate au fur et à mesure de l'ascension et finit par exploser à 30 km d'altitude comme une énorme bulle de chewing-gum.

Vivre dans l'espace

L'heure du tourisme spatial de masse n'a pas encore sonné. Ceux qui partent aujourd'hui dans l'espace n'ont pas le temps de chômer. La journée est rythmée par un emploi du temps très strict. Toutes sortes d'expériences scientifiques sont menées à bord du vaisseau, sur les animaux, les plantes, les matériaux et même les hommes.

Ce sont des entreprises et des universités du monde entier qui confient leurs expérimentations aux astronautes. Ceux-ci peuvent aussi travailler en dehors du vaisseau. Au cours de ces missions à haut risque, les astronautes sont très surveillés. Ils peuvent inspecter l'extérieur de la navette, opérer une expérience dans le vide spatial, récupérer ou réparer un satellite en panne…

Comment font les astronautes pour travailler en dehors du vaisseau ?

Mis à part le scaphandre, l'astronaute qui travaille dans le vide spatial ressemble à un alpiniste. Il en a l'équipement et la technique pour se déplacer sans risque. Des poignées sont disposées sur les parois extérieures du vaisseau et, pour plus de sécurité, un cordon relie l'astronaute au vaisseau. Dans le cas de la navette américaine et de la station spatiale, un bras télémanipulateur lui permet de se déplacer plus facilement et d'effectuer certaines manipulations délicates.

Pourquoi utilisent-ils un fauteuil pour se déplacer ?

Avec ses 24 petits moteurs-fusées à gaz comprimé, le siège à réaction appelé MMU permet aux astronautes de s'éloigner du vaisseau spatial d'environ 100 m sans être reliés par un cordon. De cette manière, les astronautes peuvent rejoindre en toute liberté des objets spatiaux éloignés de leur vaisseau et, au besoin, les y ramener.

Comment les astronautes arrivent-ils à faire autant d'expériences ?

Les astronautes travaillent beaucoup, c'est vrai, mais ce ne sont pas eux qui élaborent les expériences. Elles ont été soigneusement préparées durant les longs mois qui précèdent la mission. Des ingénieurs, des scientifiques appartenant à des entreprises industrielles, des universités, des instituts de recherches, des agences spatiales les ont mises au point afin de pouvoir transmettre des instructions très rigoureuses aux astronautes qui vont les exécuter.

Comment fait-on pour surveiller la santé de l'astronaute qui travaille dans le vide ?

Pas question, en effet, de laisser l'astronaute sans surveillance. Il y a donc tout un appareillage fixé sur le corps de l'astronaute qui permet de connaître sa forme.

L'astronaute dirige son " fauteuil volant " grâce à des manettes situées sur les accoudoirs.

Des électrodes contrôlent son rythme cardiaque, des capteurs surveillent son taux de transpiration. Au moindre signe de faiblesse, l'astronaute regagne le vaisseau.

Comment l'astronaute communique-t-il avec le vaisseau ?

Grâce à une antenne fixée au sac qu'il porte sur son dos. Ce sac contient des appareils chargés de contrôler la température et l'air qui circule dans la combinaison.

INCROYABLE !

- En mars 2002, Hubble, lancé en 1990, a subi sa quatrième opération à cœur ouvert à 28 000 km/h. Deux astronautes ont, entre autres, changé son système électrique central. C'est une seconde jeunesse !

Les agences spatiales

- *Il y a beaucoup d'agences spatiales dans le monde : l'Agence spatiale canadienne, l'Agence spatiale européenne, le Centre national d'études spatiales français, l'Agence nationale de développement spatial et aéronautique japonaise, l'Agence spatiale et aéronautique russe, l'Administration nationale aéronautique et spatiale américaine, des agences italienne, allemande, britannique... Beaucoup ont été créées à l'époque où les États-Unis et l'URSS se faisaient la course pour arriver les premiers dans l'espace.*
- *Désormais, la plupart des agences travaillent ensemble à la mise au point de projets comme la Station spatiale internationale. Certaines agences ont signé une charte de coopération en cas de situations de catastrophe.*

Pourquoi a-t-on créé des agences spatiales ?

Cela permet de centraliser les décisions au sein d'une seule organisation, en évitant ainsi que différentes institutions, en voulant mettre leur grain de sel, ralentissent les projets. Aux États-Unis, avant que la NASA existe, l'armée de l'air, l'armée de terre, la marine voulaient avoir leur mot à dire en matière de politique spatiale. Ces rivalités ralentissaient considérablement les programmes. Depuis sa création en 1958, la NASA a développé le programme spatial le plus impressionnant du monde.

Comment fait-on en cas de conflit dans l'espace ?

Il existe depuis 1967 un droit international de l'espace qui permet de réglementer les activités qui ont lieu au-dessus de nos têtes. Heureusement, car de très nombreux pays se côtoient là-haut ! Imaginons que l'un d'eux décide de s'approprier une planète. Eh bien, c'est interdit ! Comme il est interdit d'installer des armes nucléaires. D'ailleurs, toutes les activités spatiales doivent être menées “ pour le bien et dans l'intérêt de tous les pays, quel que soit le stade de leur développement économique ”.

Comment les agences spatiales peuvent-elles aider en cas de catastrophe ?

Grâce à leurs divers satellites, elles peuvent fournir des informations qui vont éventuellement permettre de se préparer à la catastrophe et d'organiser à l'avance les opérations de secours.

Cet établissement de l'ESA est en Italie. C'est ici que sont traitées les données transmises par les satellites d'observation.

Prenons le cas d'un cyclone. Il n'y a pas que le satellite de météorologie qui s'avère utile, même s'il permet de prévoir l'arrivée du cyclone en le suivant heure par heure. Les satellites de télécommunications et de positionnement, comme le futur système Galileo, ont aussi leur rôle à jouer en matière de coordination et de planification des secours.

Pourquoi les pays européens se sont-ils regroupés autour de l'ESA ?

Quand l'ESA est née en 1975, l'Europe avait un besoin urgent de combler son retard sur les États-Unis et l'URSS. Chacun des pays membres a apporté ses compétences et ses moyens. Les scientifiques ont compris bien avant les politiciens que l'union fait la force. Dès les années 50, ils ont mis au point des projets de collaboration. D'ailleurs, une première Organisation européenne de développement des lanceurs, l'ESRO, a été créée en 1962. Il existait aussi une Organisation européenne pour le développement des fusées, l'ELDO. Toutes deux sont les ancêtres de l'ESA. Aujourd'hui, grâce à l'ESA, l'Europe parle d'une même voix face aux États-Unis et à la Russie.

INCROYABLE !

- Les 15 pays membres de l'ESA sont : la France l'Allemagne, l'Espagne, l'Italie, le Royaume-Uni, la Belgique, le Danemark, les Pays-Bas, la Suède la Suisse, l'Irlande, l'Autriche, la Norvège, la Finlande et le Portugal.

Les infrastructures au sol

- *L'exploration de l'espace a donné naissance à une gigantesque industrie. À elle seule, l'industrie spatiale européenne emploie directement 40 000 personnes, plus les 250 000 autres dont les activités sont liées à ce domaine.*
- *Construire une fusée ou un satellite et les envoyer dans l'espace ne suffit pas, il faut d'abord trouver un client pour ce satellite. Une fois l'engin lancé, il faut pouvoir le contrôler : ce sont les stations au sol qui s'en chargent. Puis il faut le suivre depuis la Terre : c'est le travail des centres de poursuite. Chacun à son tour, ils transmettent les informations recueillies au centre de contrôle des missions.*

Pourquoi la base de lancement d'Ariane est-elle en Guyane et non pas en Europe ?

C'est vrai qu'il n'est pas très pratique de transporter fusées et satellites jusqu'en Amérique du Sud, mais la situation géographique de ce département français est un atout considérable : il est tout près de l'équateur. Cette position est particulièrement intéressante dans le cas du lancement de satellites géostationnaires, car elle permet au lanceur de profiter de la vitesse de rotation de la Terre (voir La gravitation, p. 30-31) et d'augmenter son chargement de 10%. Kourou est la seule base d'où l'on peut lancer sans danger vers l'est et vers le nord à partir des mêmes installations.

Comment cela se passe-t-il en cas de problèmes ?

En cas de pépins, il est préférable que les centres de lancement se trouvent dans des régions peu peuplées. C'est le cas de Kourou, au bord de l'océan Atlantique, mais aussi du cosmodrome russe de Baïkonour, situé dans les steppes du Kazakhstan. La base américaine de Cap Canaveral, en Floride, permet de lancer vers l'est, au-dessus de l'océan Atlantique. La base de Vandenberg, en Californie, permet de lancer vers le nord, au-dessus de l'océan Pacifique.

Comment fait-on pour décider de lancer un programme spatial ?

Dans le cas de l'ESA, des ingénieurs et des scientifiques préparent pendant de longs mois les programmes à présenter. Puis les ministres, les fonctionnaires ou les experts techniques de tous les États membres se retrouvent à pour dialoguer avec le ciel, contrôler les satellites et leur donner des ordres.

Station au sol chargée de contrôler les satellites et de récupérer les informations.

Paris, au siège de l'Agence spatiale européenne, afin de discuter des grandes décisions à prendre avec le directeur général de l'ESA et ses adjoints. Si tout le monde est d'accord, le programme sera lancé.

Pourquoi les antennes au sol ont-elles de si grandes oreilles ?

Pour mieux écouter le ciel, mon enfant ! Sans ces grandes oreilles, pas de télévision mondiale, ni de radio internationale ! Quelle que soit leur nature, ces antennes sont indispensables

Pourquoi y a-t-il tant d'antennes accrochées aux habitations ?

Parce que les antennes dites paraboliques servent de relais entre le téléviseur et les satellites, et permettent ainsi de capter des chaînes de télévision du monde entier.

INCROYABLE !

- Les dimensions des cosmodromes sont extraordinaires. Celui de Kourou se déploie sur 850 km² tout en longeant 50 km de côtes. Il y a de quoi faire de beaux aménagements.

Les métiers de l'espace

- *Les métiers de l'espace sont nombreux. Ils vont du chaudronnier à l'ingénieur d'essais au sol, du physicien au biologiste, en passant par l'électricien aéronautique.*
- *En France, environ 100 000 personnes travaillent dans l'industrie aéronautique et spatiale, 100 000 autres travaillent dans des entreprises sous-traitantes. Ces personnes viennent d'horizons très larges. Certaines ont reçu une formation propre à ce secteur, d'autres ont une formation dans le domaine de la mécanique, de l'électronique, etc.*

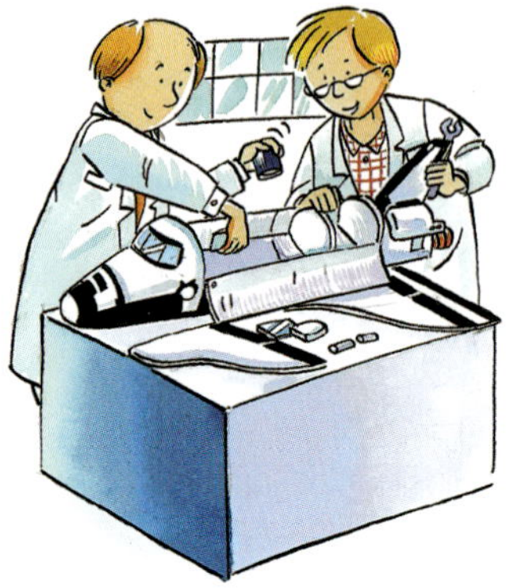

Pourquoi tant de monde travaille-t-il dans le domaine spatial ?

À elle seule, la construction de la fusée fait appel au savoir-faire de nombreux techniciens. Mais, avant la construction, des spécialistes se sont penchés sur sa conception. Tous ont leurs exigences et il faut trouver le moyen de les concilier : l'aérodynamicien veut absolument que l'engin ait une forme élancée ; pour le responsable de la propulsion, c'est le moteur qui est le plus important ; les ingénieurs responsables de la structure et de la fabrication réclament un modèle simple et rigide... Imaginons maintenant l'éventail de métiers qui vont de la commercialisation des satellites à leur suivi dans l'espace, en passant par les essais dans les laboratoires. Sans parler des gens dont le métier est de faire connaître les activités des grandes agences spatiales...

Comment les chaudronniers fabriquent-ils les fusées ?

Pas besoin de fabriquer des chaudrons pour être chaudronnier ! La principale activité du chaudronnier est de découper les matériaux pour réaliser des pièces d'une certaine forme en les assemblant de manière qu'elles ne soient plus démontables. Quand il travaille sur une fusée, le chaudronnier, aidé de plans, de schémas ou de pièces modèles, trace puis découpe des matériaux ou des morceaux déjà en partie préparés pour réaliser les pièces souhaitées.

Il n'y a pas que des astronautes qui travaillent dans le domaine spatial. Cette industrie fait appel à de nombreux métiers.

Comment devient-on astronome ?

C'est un parcours long et difficile. Il est indispensable d'être bon en maths et en physique. Tout commence par une première puis une terminale scientifiques. Après le bac, il faut passer soit par un lycée soit par l'université. Dans le premier cas, on s'oriente vers les classes préparatoires aux grandes écoles, comme Math sup et Math spé. Après, il faut passer des concours pour intégrer les Écoles normales supérieures, l'École polytechnique, l'École centrale... Si on choisit la filière universitaire, on prépare un DEUG de sciences mathématiques ou physiques, puis une maîtrise dans le même domaine, ensuite un DEA, diplôme d'études approfondies. Enfin, il faut de toute façon faire une thèse de doctorat dans un laboratoire et poser sa candidature au poste de chercheur. En bref, on passe plus de temps le nez dans les bouquins que dans les étoiles !

INCROYABLE !

- La station Mir s'est transformée en poulailler lorsqu'on y a fait éclore 48 œufs de cailles japonaises ! Pour les biologistes, ces premières naissances dans l'espace furent un grand moment.

Pourquoi un seul géologue est-il allé sur la Lune ?

Avant Harrison Schmitt, aucun scientifique n'était allé sur la Lune, car jusqu'alors tous les astronautes étaient des pilotes d'essai.
C'est au cours de la dernière mission Apollo 17 que les prélèvements d'échantillons du sol lunaire ont pu être effectués par un spécialiste. Durant ces 3 jours passés sur la Lune, le géologue a fait 3 expéditions de plus de 22 heures au total, parcourant des kilomètres en Jeep pour rapporter plus de 100 kg de poussière et de roches.

Pourquoi y a-t-il des météorologues ?

Pour comprendre l'humeur du ciel et prévoir le temps grâce à l'étude des phénomènes atmosphériques. Cela est très utile pour de nombreux secteurs d'activité comme l'aviation, l'agriculture et la pêche. C'est aussi le météorologue qui surveille la pollution de l'air.

Comment font-ils pour prévoir le temps ?

Les météorologues effectuent leurs prévisions à partir de stations au sol équipées de matériel très sophistiqué qui mesure la température, l'humidité de l'air, la force et la direction du vent. Ils travaillent à partir des mesures prises en altitude par les ballons ou les satellites météorologiques.

Comment fait-on une carrière de météorologue ?

En France, la plupart des météorologues sont recrutés par Météo France. C'est un établissement public qui dépend du ministère de l'Équipement, des Transports et du Logement. Ce sont donc des fonctionnaires d'État. On peut choisir d'être technicien de la météorologie ou ingénieur des travaux, ou encore ingénieur de la météorologie.

Pourquoi des biologistes travaillent-ils dans le domaine de l'espace ?

De nombreuses expérimentations ont lieu dans des laboratoires spatiaux. On y étudie comment l'organisme humain, les êtres vivants, les cellules réagissent à l'apesanteur. On étudie le vieillissement, la fonte des muscles... On fait même des semis d'avoine, de lentilles...

Comment devient-on ballonnier ?

Pour être ballonnier, mieux vaut vivre en France ou aux États-Unis, car ce sont

Les astronautes sont aussi mécaniciens, car ils doivent être en mesure de réparer du matériel ou d'assurer l'assemblage des éléments d'une station spatiale. Ci-contre, les astronautes travaillent sur la Station spatiale internationale.

les seuls pays qui ont un programme scientifique de ballons. Il n'y a pas d'école pour apprendre à lâcher les ballons stratosphériques. Le métier s'apprend avec le temps.

Pourquoi les Américains travaillent-ils avec de gros ballons et les Français avec des petits ?

Vu les grands espaces inhabités qu'il y a en Amérique, il est plus facile de récupérer de gros ballons sans mettre en danger la population. En France, on travaille avec des ballons plus petits, mais on en lâche davantage.

INCROYABLE !

- Il existe à Strasbourg une université internationale de l'espace qui propose un programme d'études dont la priorité est le développement de l'espace et de la recherche spatiale.

Les astronautes

- *Il n'est pas donné à tout le monde d'être astronaute. Les candidats, hommes et femmes, sont recrutés dans le monde entier. Seuls les meilleurs partent, soit à bord de la fusée russe Soyouz, soit à bord de la navette américaine.*
- *Au cours de leur mission, ils parlent le russe ou l'anglais. Les futurs astronautes suivent une préparation éprouvante pour apprendre à vivre en apesanteur. Là-haut, tous les gestes de la vie quotidienne sont différents. L'organisme de l'astronaute subit l'absence de gravité. Par exemple, les fluides qui circulent dans le corps ne descendent pas, comme ils le font sur Terre, mais remontent vers la tête, si bien qu'au début du voyage on dirait que les astronautes ont la tête gonflée.*

Comment devient-on astronaute ?

Au début de l'aventure spatiale, les astronautes étaient tous des pilotes de chasse hors pair. Ils avaient besoin non seulement de qualités physiques exceptionnelles, mais aussi d'un cran à toute épreuve. Désormais, les critères sont différents. Bien sûr, il faut être en très bonne condition physique et morale, mais si l'on est scientifique ou ingénieur, il ne faut pas seulement être très fort dans un domaine, il faut l'être dans beaucoup et avoir de grandes qualités d'adaptation : comme on ne peut pas envoyer tout un régiment de spécialistes dans l'espace, un seul y fait le travail de tout un bataillon !

Comment sont sélectionnés les astronautes ?

La sélection est draconienne. Médecins et psychologues cherchent la perle rare qui passera les premiers tests avec succès. Puis le candidat suit une formation dans un domaine d'activité lié à l'espace. Il fait des exercices dans les maquettes grandeur nature des stations orbitales.

Comment s'entraîne un astronaute ?

L'astronaute a droit à toute une panoplie d'exercices. Il peut apprendre à marcher sur la Lune au moyen d'une chaise suspendue. Il se prépare à l'apesanteur dans un siège simulant les conditions de l'espace. Il suit

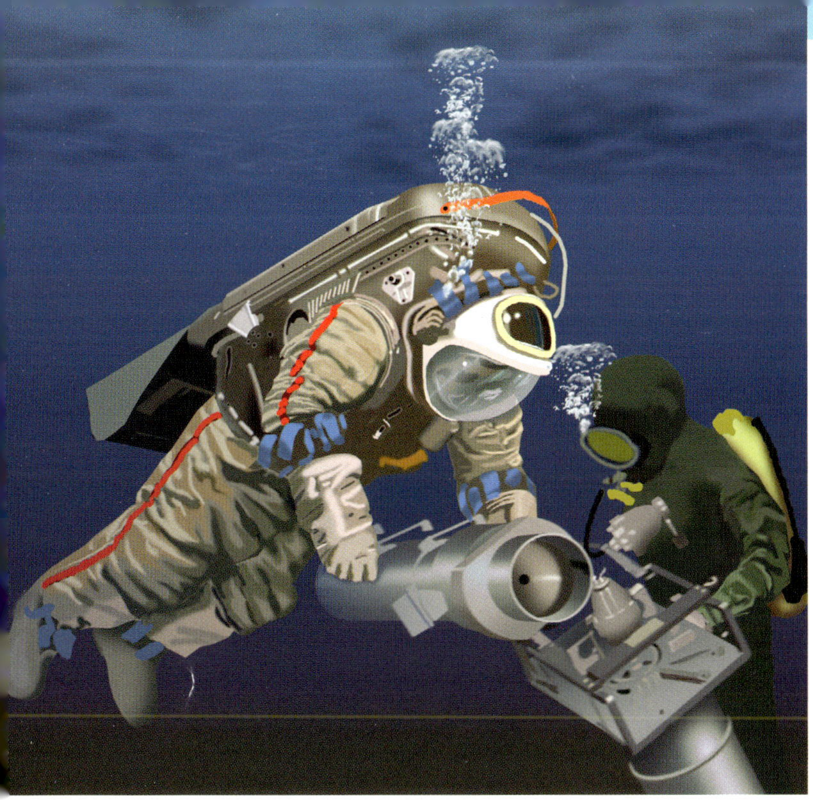

Pour se préparer à travailler en apesanteur, les astronautes s'entraînent dans de grandes piscines.

une formation de parachutiste, une formation à la survie en mer en cas d'amerrissage, une autre formation à la survie sur terre, dans le désert ou dans la jungle. Pour être prêt à faire des sorties dans l'espace, il s'entraîne dans l'eau autour de modèles de navettes en taille réelle. C'est au Centre des astronautes européens (EAC) de Cologne, en Allemagne, que les 16 astronautes européens reçoivent une partie de leur formation. Bientôt, tous les astronautes qui travailleront sur les éléments de la Station spatiale internationale fournis par l'ESA seront formés sur ce site, quelle que soit leur nationalité.

Pourquoi utilise-t-on un fauteuil Culbuto ?

C'est pour habituer les astronautes à endurer les fortes pressions qu'ils subiront lors du lancement et de l'atterrissage. Pas question d'avaler un repas trop copieux avant le test ! Le fauteuil est accroché par deux points à l'intérieur d'une roue qui, elle-même, se déplace en même temps qu'une seconde roue, laquelle tourne dans un autre sens. Pour couronner le tout, il faut apprendre à travailler pendant ces roulades infernales.

INCROYABLE !

- Quand il inspire, l'astronaute consomme de l'oxygène. En expirant, il rejette du gaz carbonique. Si l'air du vaisseau n'était pas renouvelé en permanence, il suffoquerait.

Pourquoi certains sont-ils malades dans l'espace ?

Il y a des gens qui ont le mal de mer, d'autres qui ont le mal de l'espace. C'est ainsi que le premier homme qui passa une journée entière dans l'espace, Gherman Titov, dut renoncer à sa carrière d'astronaute. Ce mal lié à l'apesanteur s'apparente au vertige ; pire encore, car on n'a pas seulement l'impression d'être attiré par le vide, mais de tomber en permanence. L'homme est en quelque sorte programmé pour vivre en pesanteur. Il a dans l'oreille interne un système de récepteurs, le système vestibulaire, qui contrôle l'équilibre en envoyant au cerveau des informations sur la position du corps. Sous l'effet de l'apesanteur, le système vestibulaire perd la boule et envoie au cerveau des informations incompréhensibles. On a des vertiges, on a mal au cœur et envie de vomir... Mais tout va mieux au bout de quelques jours !

Pourquoi mettre un scaphandre quand on va dans l'espace ?

Pour être bien protégé contre les dangers de l'espace, les changements de température, les impacts de minuscules météorites, le manque d'oxygène... Au début de la conquête spatiale, les astronautes conservaient leur combinaison pendant tout le voyage. Ils ne la quittaient ni pour manger, ni pour dormir, ni même pour aller aux toilettes. C'était en quelque sorte leur seconde maison.

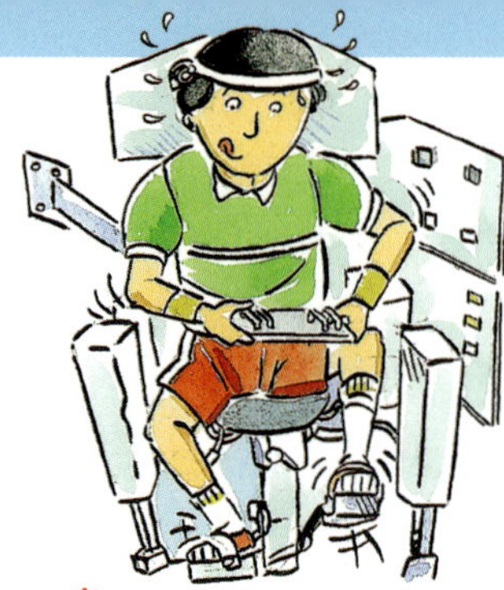

Pourquoi les astronautes doivent-ils entretenir leurs muscles ?

En apesanteur, il n'y a plus besoin de faire d'efforts : léger comme une plume, on flotte au lieu de marcher. Les muscles s'endorment et deviennent tout rabougris.

Pourquoi les os vieillissent-ils plus vite dans l'espace ?

Décidément, le corps n'est pas fait pour l'absence de gravité ! Comme les muscles, les os s'endorment par manque de mouvement. Sans stimulation, ils se décalcifient. Un astronaute peut perdre 1 % du calcium de ses os en seulement un mois. C'est énorme !

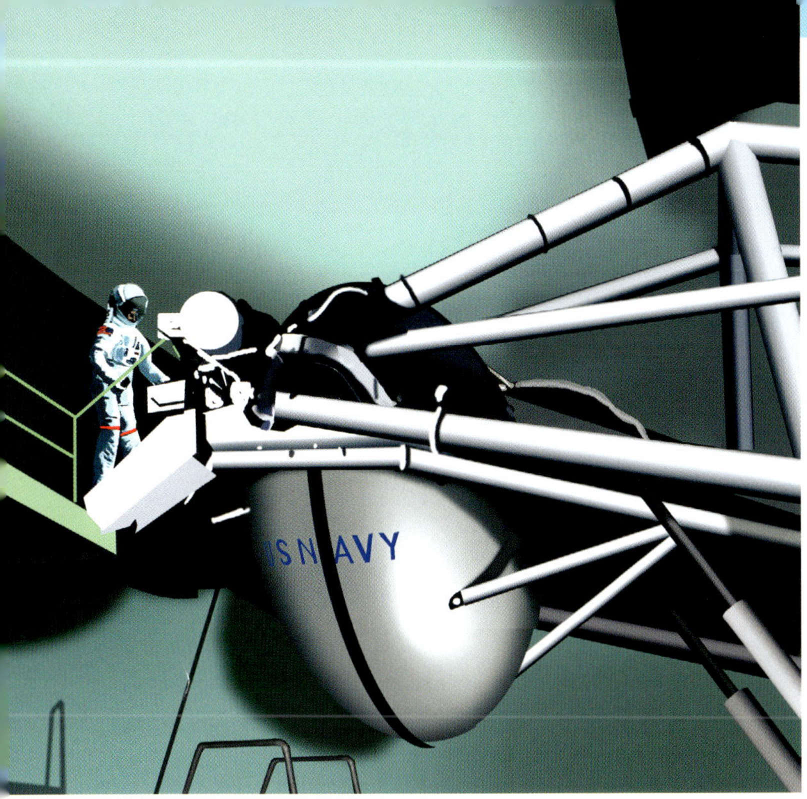

Cette machine tourne très vite. Elle fait subir à l'astronaute les conditions qu'il va rencontrer lors du décollage du lanceur. S'il ne résiste pas à cette expérience, il ne sera pas apte à partir.

Pourquoi y a-t-il plus d'hommes que de femmes astronautes ?

En principe, le métier est ouvert aux hommes comme aux femmes, majeurs, mais il y a moins de filles qui choisissent de faire une carrière scientifique. Aujourd'hui, il n'y a qu'une femme astronaute dans l'équipe de l'ESA.

Comment s'appelle-t-elle ?

Claudie Haigneré. Elle est de nationalité française. En 1996, elle est partie en mission sur la station Mir et en 2001 sur la Station spatiale internationale. En 2002, elle est devenue ministre déléguée à la Recherche et aux Nouvelles Technologies.

Comment font les astronautes quand ils reviennent sur Terre ?

Ils doivent rapprendre à bouger. Et quand le séjour dans l'espace est très long (certains peuvent durer un an), il n'est pas question d'essayer de se tenir debout une fois de retour sur Terre, sous peine de tomber dans les pommes. Plusieurs semaines de rééducation sont nécessaires pour que le corps se rétablisse.

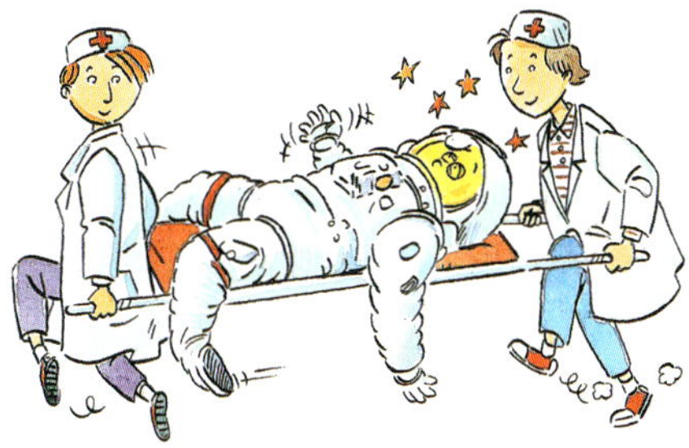

INCROYABLE !

- Pour tester l'apesanteur, les astronautes ont droit à une balade dans un avion qui monte et descend pendant une trentaine de secondes, passant de 7 300 m à 10 600 m puis à 7 300 m, en chute libre ! Sacré trou d'air !

La vie quotidienne

- *Vue de la Terre, la vie en apesanteur paraît simple et sereine. La réalité est bien différente. Chaque activité, chaque geste demandent une attention particulière. Terminées les douches sans fin, ici l'eau est comptée ; finis les bons petits plats mijotés pendant des heures, oublié l'oreiller contre lequel on s'endort le soir... Bonjour la chasse aux objets volants identifiés, les W-C aspirants, les repas déshydratés, les lits accrochés au plafond...*
- *Les gestes les plus anodins sur Terre ont été longuement étudiés pour simplifier la vie des astronautes. Sans ces mille et une petites astuces, vivre dans l'espace tournerait au cauchemar.*

Comment mange-t-on ?

En apesanteur, tout flotte : le plateau s'il n'est pas maintenu avec des bandes Velcro sur les genoux, les aliments s'ils ne sont pas emballés. Pour manger, il est préférable d'amener lentement les aliments jusqu'à sa bouche, tout mouvement brusque risquant de propulser le contenu de la fourchette en droite ligne sur la cloison ! Quant aux amateurs de semoule, mieux vaut qu'ils attendent le retour sur Terre pour satisfaire leurs papilles, à moins qu'ils veuillent partir à la chasse aux grains !

Comment stocke-t-on les aliments ?

Le stockage n'est pas un problème : les aliments se présentent soit en conserve soit emballés. Ils ne prennent pas beaucoup de place. Les plats sont préparés sur la Terre. Certains sont prêts à être mangés, d'autres sont surgelés ou encore déshydratés. Il faut donc les réchauffer ou leur ajouter de l'eau, selon le cas. Pour conserver la viande à température ambiante, on la stérilise au moyen de radiations ionisantes. Quant aux aliments frais, réfrigérés, ils sont mangés au début de la mission ou après le ravitaillement de la station.

Comment les stations spatiales sont-elles ravitaillées pendant les longs séjours ?

Le livreur de produits frais, c'est le vaisseau ravitailleur. Il est également chargé de rapporter sur Terre les résultats des expériences menées à bord de la station spatiale ou de la navette.

Comment choisit-on ses menus ?

Il existe toutes sortes de menus pour satisfaire les astronautes des différentes nationalités présentes à bord de la Station spatiale internationale. Macaronis au fromage, bœuf Strogonoff, œufs brouillés mexicains, épinards à la crème : chacun y trouve son bonheur ! D'ailleurs, les astronautes testent la nourriture avant le départ et peuvent même composer leurs menus à l'avance !

C'est cette espèce de gros bidon flottant, appelé ATV, qui sera chargé de ravitailler la Station spatiale internationale.

À partir de 2004, c'est le vaisseau ATV créé par l'ESA qui ravitaillera la Station spatiale internationale.

Pourquoi y a-t-il tant de cale-pieds ?

Pour se caler, lorsque l'on veut s'immobiliser à un poste de travail, par exemple.

INCROYABLE !

- En 2001, ce sont des astronautes américains, russes, canadiens, italiens et français qui sont allés dans l'espace !

Comment se lave-t-on les dents ?

Comme sur Terre, on peut utiliser une brosse à dents et une pâte dentifrice. Mais pas question de cracher après les 3 min de brossage réglementaire. Dans l'espace, la pâte dentifrice ne mousse pas, on peut la manger ou la cracher dans un “ lavabo ” fermé. Une autre solution consiste à frotter avec son doigt entouré d'un gant de toilette humide imprégné de pâte dentifrice.

Comment fait-on pour dormir ?

Pour se faire un petit nid douillet, on se glisse dans un sac de couchage attaché en haut, en bas, au plafond ou au mur. Un boudin gonflable sert d'armature à ce lit de fortune. Si l'on veut se reposer au calme, il existe des couchettes privées pourvues de couvertures et de draps spéciaux qui atténuent le bruit et diminuent la sensation de microgravité.

Comment fait-on le ménage ?

Les astronautes peuvent devenir de vraies petites fées du logis ! Pour nettoyer le vaisseau, ils ont le choix entre des serviettes russes spécialement prévues à cet usage ou tout simplement des lingettes pour bébé vendues dans les magasins.

Comment l'encre d'un stylo peut-elle couler ?

Il existe des stylos spécialement conçus pour l'espace, mais qu'on trouve aujourd'hui en vente dans les magasins. Alors que, sur Terre, l'encre descend naturellement, dans l'espace, il est nécessaire de la pousser vers la pointe.

Comment se rase-t-on ?

Il existe des rasoirs spéciaux munis chacun d'un petit compartiment ou d'un petit aspirateur qui empêche les poils coupés de s'envoler aux quatre coins de la cabine.

Comment boit-on ?

Dans une station spatiale, on oublie les bonnes manières. Il n'est pas question de se servir dans un verre ; laissés à l'air libre, les liquides forment de grosses bulles et se mettent à flotter. Les boissons sont donc soigneusement remisées dans des sachets. On boit avec une paille anti-retour.

Comment sont habillés les astronautes ?

À l'abri des dangers du vide spatial, l'astronaute ne porte pas de combinaison dans une navette ou une station

Dans l'espace, les astronautes n'ont plus le sens de l'orientation. Ils peuvent dormir dans n'importe quelle position. Debout ou allongés, ils se glissent dans une espèce de grand sac fixé aux parois du vaisseau. Pour éviter d'être gênés par le soleil, ils s'endorment avec des cache-yeux.

Comment fait-on pour se diriger ?

On s'aide avec les mains, en s'accrochant, par exemple, aux poignées qui recouvrent les parois...

spatiale. Que ce soit pour les hommes ou pour les femmes, la mode dans l'espace est aux T-shirts, shorts ou pantalons de survêtement.

Et puis cela fait du bien au moral de pouvoir parler avec sa famille et ses amis, c'est important ! ! Quand on pense que certains astronautes restent plusieurs mois dans l'espace...

Comment communique-t-on avec la Terre ?

La station spatiale est en liaison radio avec la Terre. Quand il y a un incident, une panne d'ordinateur ou un ennui mécanique, il peut être indispensable pour les astronautes de recevoir de l'aide des ingénieurs et mécaniciens restés à Terre.

INCROYABLE !

• Deux heures de gymnastique par jour, c'est le régime obligatoire des astronautes afin de parer au mieux aux troubles que provoque l'apesanteur sur l'organisme.

Comment fait-on pour s'asseoir sur le siège des toilettes ?

Avant de mettre en marche la cuvette pressurisée, encore faut-il pouvoir s'asseoir sur le siège des WC. Pour cela, il est nécessaire de s'attacher à l'aide de sangles, à la fois à la taille et aux pieds !

Comment va-t-on aux toilettes ?

Après les combinaisons récupératrices d'excréments des premiers aventuriers de l'espace, les toilettes actuelles semblent bien classiques. Il n'en est rien, cependant, car l'astronaute ne doit surtout pas oublier de mettre un aspirateur en route. Pour une envie de faire pipi, l'astronaute, homme ou femme, maintient une sorte d'entonnoir tout près de lui. L'urine est aspirée au fur et à mesure dans un tuyau. Pour la grosse commission, l'astronaute s'assoit sur la cuvette pressurisée, qui lui colle les fesses au siège. L'aspirateur se charge de tout. Il n'y a plus qu'à s'essuyer avec des serviettes en tissu et à nettoyer le siège.

Comment se lave-t-on dans l'espace ?

Amateur de bains s'abstenir ! Lors de missions courtes, on se lave avec des lingettes rafraîchissantes et désinfectantes qui ressemblent à celles qu'on utilise pour les fesses des bébés. Pour les plus longs séjours, il existe des cabines de douche adaptées à l'apesanteur. Pour éviter que les gouttes se mettent à monter en l'air, il y a un système d'aspiration qui les récupère.

Comment font-ils pour se soigner ?

S'il n'y a pas de médecin à bord, il y a toujours une armoire à pharmacie pour aider à soulager les petits désagréments courants : mal de tête, diarrhée, constipation. On trouve aussi quelques instruments de chirurgie. Si les astronautes jouent rarement du bistouri, tous les cosmonautes russes sont censés savoir arracher une dent à un de leurs collègues. Pour un diagnostic, il n'y a qu'à joindre un médecin par radio.

Pourquoi y a-t-il des bandes Velcro un peu partout ?

Parce qu'il est impossible à cause de l'apesanteur de poser un objet quelque part. Tout doit être attaché. Les bandes Velcro et les aimants sont là pour retenir les divers objets et outils dont se servent les astronautes.

En apesanteur, l'eau et tout autre liquide forment de grosses bulles légères qui se mettent à flotter.

Comment met-on le couvert ?

Ni belle nappe ni repas aux chandelles dans l'espace, c'est comme au fast-food : chacun à son plateau. Mais un plateau spécial sur lequel se fixent les récipients remplis de nourriture.

Pourquoi n'a-t-on pas inventé des chaussures qui collent au sol pour pouvoir marcher comme sur la Terre ?

Ce serait se fatiguer pour rien. Flotter n'est pas désagréable, après tout !

Pourquoi les bas des pantalons ne flottent-ils pas ?

Parce qu'ils sont maintenus en place par des languettes fixées aux extrémités que l'astronaute passe sous ses pieds.

INCROYABLE !

- Pas besoin d'avoir peur pour que les cheveux se dressent sur la tête ! Du moins, dans l'espace. C'est pourquoi, là-haut, les cheveux longs sont le plus souvent attachés.

La station Mir

- *C'est le Russe Konstantin Tsiolkovski qui, au début du siècle dernier, a eu l'idée d'établir un camp de base sur la route des étoiles. En avril 1971, Salyut 1 est la première station spatiale habitée à tourner en orbite autour de la Terre jusqu'en octobre de la même année.*
- *Lancée en 1986, Mir ressemble à un Meccano géant constitué d'un élément central qui sert de cuisine, de restaurant et de salon. Six autres éléments y sont amarrés. La station, conçue pour recevoir 12 astronautes, a la taille d'un très grand appartement sur Terre, soit 400 m³ habitables. De grands panneaux solaires satisfont sa grosse consommation d'énergie.*

Comment était-ce à l'intérieur de la station Mir ?

On compare l'espace de Mir à celui d'un grand appartement, mais la ressemblance s'arrête là parce que, en apesanteur, il n'y a ni murs ni sol. Mir est un vrai capharnaüm. Il y a des gaines de ventilation dans tous les sens, des câbles et tout un bric-à-brac de matériel scientifique... Et il paraît que ça sent le fauve malgré les filtres à air. Impossible, en effet, d'ouvrir les fenêtres pour aérer ! Quand on sait que les cosmonautes peuvent y vivre deux, trois mois ou même plus d'un an...

Comment a-t-on fait pour construire la station Mir ?

Mir a été bâtie année après année. L'élément central, qui constitue une station à lui tout seul, a été mis en orbite au mois de février 1986. Deux pièces d'amarrage ont été fixées à ses deux extrémités afin de pouvoir y ajouter d'autres éléments. Le second élément a été mis en place en 1987, et ainsi de suite...

Pourquoi Mir a-t-elle été détruite ?

Parce qu'au bout de 15 ans ses différents équipements, électroniques et informatiques, ont vieilli. De plus, il y a eu des problèmes techniques à bord. Pour finir, maintenir la station en bon état de marche coûtait extrêmement cher.

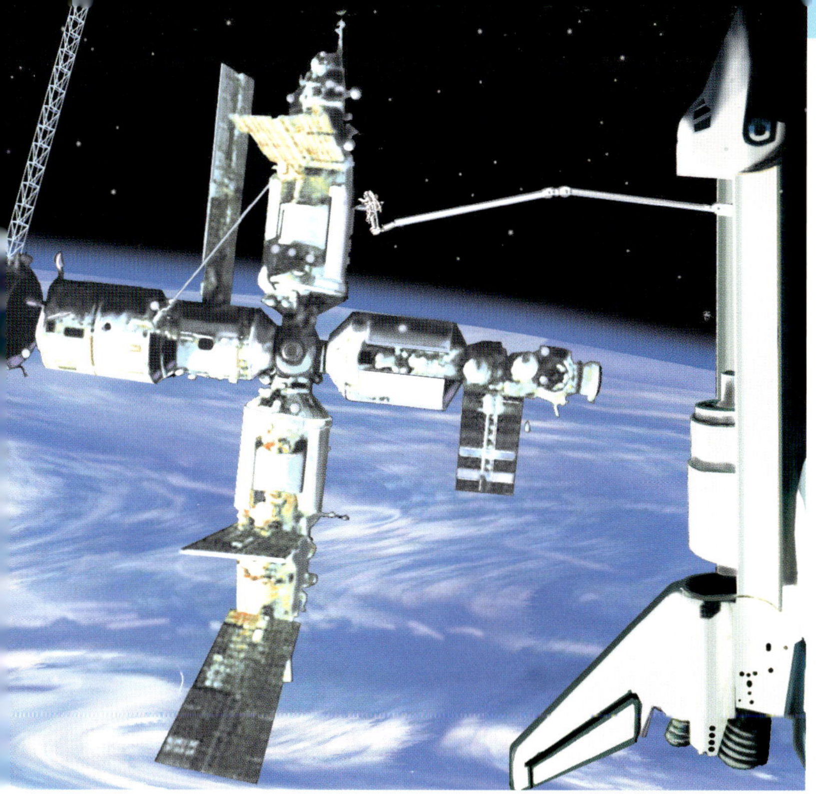

La station Mir a été lancée par les Soviétiques en 1986. Prévue pour durer 5 ans, elle resta en service 15 ans !

Pourquoi ne pas l'avoir fait exploser ?

Surtout pas ! Car les milliers de débris résultant de l'explosion auraient pollué l'espace et auraient risqué de heurter les satellites placés en orbite basse tout comme la navette ou la Station spatiale internationale.

Comment a-t-on détruit Mir ?

La destruction a eu lieu le 23 mars 2001. Durant ses années de service, Mir était placée en orbite entre 300 et 400 km d'altitude. C'est le véhicule spatial Progress qui, grâce à ses gros moteurs, a servi de pilote à Mir pendant les manœuvres de désorbitation. Comme le bateau pilote qui guide les énormes cargos vers les ports, Progress a permis de contrôler le transfert successif de Mir vers des orbites plus basses. La dernière poussée a amené Mir à plonger dans l'atmosphère. Sous l'effet du frottement, la station est partie en morceaux et la plupart des matériaux se sont désintégrés.

INCROYABLE !

- En additionnant les 3 séjours que le Russe Sergueï Avdeïev a passés à bord de Mir, on arrive au chiffre impressionnant de 748 jours. Avdeïev détient le record de vie dans l'espace.

L'ISS

La Station spatiale internationale est une aventure unique dans l'histoire de la conquête spatiale. Seize États travaillent ensemble à sa construction. Son prix total, utilisation comprise, est évalué à environ 100 milliards d'euros. Ce sont les États-Unis qui sont à l'origine du projet. Tous les pays n'y consacrent pas le même budget. L'ISS est un véritable village de l'espace. Sept astronautes pourront y vivre de façon permanente et y effectuer des expériences sans précédent dans de nombreux domaines. Ces hommes et ces femmes, originaires des pays participants, vont vivre, travailler et mettre en commun leur savoir.

Comment l'ISS est-elle aménagée ?

L'ISS est une version largement améliorée de sa grande sœur Mir. Finis les câbles et les gaines courant un peu partout : tout est caché dans les parois. Les compartiments, sobres et lumineux, sont dotés de très nombreux placards qui permettent un vrai rangement. Pour que les astronautes aient plus de confort, les lieux de vie sont séparés des lieux de travail. Pour finir, et c'est un très grand luxe, chaque astronaute a son propre coin couchette, avec une lampe de chevet, une tablette de travail et des tiroirs à vêtements : un vrai petit nid douillet !

Comment la station s'alimente-t-elle en énergie ?

La station est dotée d'un mât gigantesque de 108 m de long qui porte 8 paires de panneaux chargés de transformer l'énergie solaire en électricité. Une fois mis en place, cet ensemble fournira 60 fois plus d'énergie que les installations qui existaient sur Mir.

Comment protège-t-on la station des débris qui circulent dans l'espace ?

Lorsqu'un débris est détecté, le centre de commande de la NASA dévie la route de l'ISS. Certains débris, cependant, restent indétectables depuis le sol. Ceux-là sont trop petits et pourtant très dangereux, vu la vitesse à laquelle ils circulent. Les conséquences d'une perforation ne sont pas

toujours dramatiques. Tout dépend du point d'impact. Pour éviter tout risque, les différents compartiments de l'ISS sont équipés d'un bouclier constitué en général de plusieurs couches d'aluminium et de céramique renforcée de Kevlar (le matériau qui sert à la fabrication des gilets pare-balles).

Comment assure-t-on le ravitaillement de la station ?

Le véhicule ravitailleur principal de l'ISS sera européen. Ce vaisseau, l'ATV, ressemble à un gros cylindre de 10 m de haut et de 4,5 m de diamètre. Véritable cargo de l'espace, il sera capable de transporter une cargaison de 6,7 à 9 t. Eau potable, air, combustible, aliments frais, matériel, expériences nouvelles... seront ainsi livrés aux astronautes. Et, en prime, l'ATV donnera un petit coup de pouce à la station en la remontant vers une orbite plus haute, dès que la sienne baissera à cause des frottements sur l'atmosphère résiduelle.

Ce n'est en principe qu'en 2006 que tous les éléments de la Station spatiale internationale seront assemblés. C'est un travail colossal !

INCROYABLE !

• Quelques chiffres pour rêver à cette station qui flotte déjà en partie au-dessus de nos têtes : achevée, l'ISS mesurera 108,5 m de long, 88 m de large. Sa masse sera de 450 t !

Pourquoi construire une telle station alors qu'il existe déjà des laboratoires de l'espace ?

Il est vrai qu'il existe déjà des laboratoires de l'espace qui, comme l'ISS, permettent d'effectuer des expériences en état d'apesanteur. Mais, à la différence de l'ISS, ces laboratoires embarqués à bord de la navette n'autorisent que des expériences limitées dans le temps. Alors que la navette américaine propose 20 jours en état de microgravité, l'ISS, elle, promet des expériences en continu jusqu'en 2016 ! L'ISS sera donc l'endroit idéal pour effectuer des recherches approfondies.

Comment fait-on pour évacuer un astronaute malade ?

L'ESA et la NASA mettent au point une ambulance de l'espace : c'est le véhicule de secours CRV. Dès 2007, il pourrait être prêt à ramener sur Terre un astronaute malade en quelques heures seulement.

Comment les différents éléments sont-ils assemblés ?

Certains s'accrochent automatiquement. Pour les autres, ce sont les astronautes qui sortent dans le vide pour les réunir. Plus de mille heures ont été prévues pour la construction de ce Meccano géant.

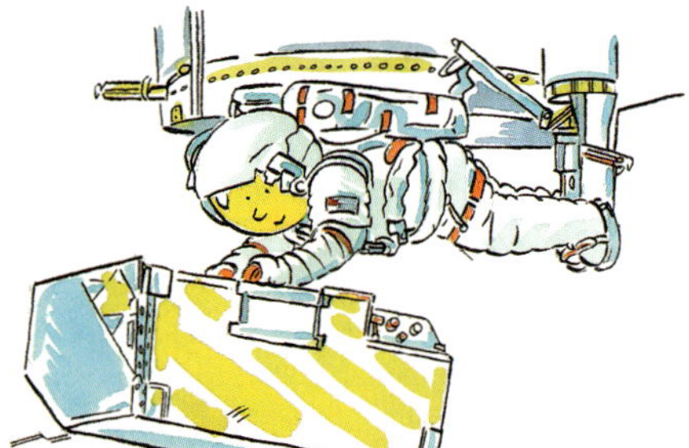

Comment les différents éléments de la station sont-ils emmenés dans l'espace ?

Construire la Station spatiale internationale est une entreprise de titan. La navette, les lanceurs russes Proton et Soyouz, la fusée Ariane sont mis à contribution. Pas moins de 46 vols de navettes sont prévus jusqu'en 2006 pour le transport des éléments et des équipages.
Les premières véritables opérations de montage ont débuté à la fin de l'année 1998. Elles devront s'achever en 2006.

Comment contrôlera-t-on les manœuvres de l'ATV ?

L'ATV est un vaisseau sans pilote, mais les manœuvres qu'il effectuera demandent une extrême précision. Un vaisseau Progress a déjà heurté la station Mir lors d'une opération d'amarrage, et cela a bien failli tourner au drame. Un centre de contrôle est actuellement en construction à Toulouse en France. C'est de là que l'ATV sera commandé.

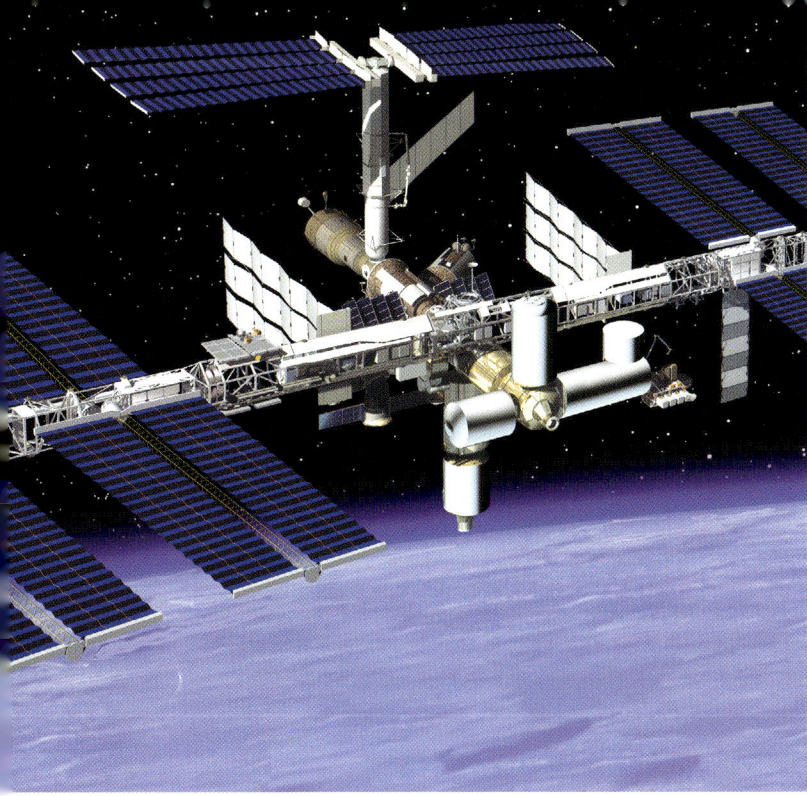

Quand tous les éléments seront assemblés, la Station spatiale internationale présentera 1 200 m^3 habitables. Ce sera un bel appartement ! Des hommes et des femmes de différentes nationalités pourront y séjourner pour réaliser des expériences dans de nombreux domaines.

Comment l'Europe contribue-t-elle à l'ISS ?

L'ESA fournit le laboratoire Columbus, qui sera le lieu de travail privilégié pour les chercheurs européens embarqués sur l'ISS. La contribution européenne passe aussi par le véhicule ravitailleur ATV lancé par Ariane 5, un bras manipulateur pouvant être commandé de l'intérieur comme de l'extérieur de la station, la fabrication d'éléments d'amarrages et la conception de systèmes techniques nécessaires au fonctionnement de l'ISS. L'ESA coopère également à la création du fameux véhicule de secours CRV.

À chaque manœuvre de rendez-vous spatial, les opérations seront coordonnées entre le centre de Toulouse, celui de Houston, aux États-Unis, et celui de Tsoup, en Russie.

INCROYABLE !

• À bord de l'ISS, les astronautes pourront profiter de la vue sur un bras manipulateur, à travers une baie vitrée ronde, composée d'un hublot central entouré de 6 autres plus petits.

Les laboratoires européens

• L'homme a besoin de l'espace. En 1973, Skylab est le premier laboratoire habitable américain de l'espace. Ce gros bidon de 350 m^3 est satellisé à 450 km d'altitude. Trois missions ont eu lieu à bord. La plus longue dura 84 jours. Skylab fut abandonné après 9 mois d'utilisation.

• Le Spacelab européen est né en même temps que la navette américaine. Ce gros compartiment pressurisé est placé dans la soute de l'avion-fusée. Durant 10 ou 15 jours, 2 groupes de 3 astronautes se relaient pour y effectuer 80 expériences, mais celles-ci sont limitées par la durée du vol.

Pourquoi transporte-t-on certaines expériences à l'extérieur de la cabine du laboratoire Spacelab ?

Parce que certaines expériences nécessitent une exposition au vide spatial, alors que la cabine, elle, est pressurisée. Des plates-formes sont donc installées exprès à l'extérieur pour ce type d'expérimentation.

Pourquoi est-il si important pour les scientifiques d'avoir des laboratoires dans l'espace ?

Pour développer des expériences menées sur Terre et leur apporter des solutions en les plaçant dans l'environnement totalement différent qu'est l'espace, avec les avantages de la microgravité, de l'absence d'atmosphère et du vide presque total.

Pourquoi ne peut-on pas reproduire l'état d'apesanteur sur Terre ?

On le peut, mais ce n'est pas facile. La première solution est le vol parabolique, au cours duquel les scientifiques et les astronautes en formation (voir p. 91 Incroyable !) préparent leur expérience dans un avion ; la seconde consiste à obtenir un état d'apesanteur en chute libre, mais c'est compliqué sur Terre, car l'atmosphère freine la chute des objets. Si on lâche

une plume et un caillou à une même distance du sol, le caillou atterrira le premier, car il est plus dense que la plume et donc moins perturbé par les frottements

Cette coupe du laboratoire Columbus permet de se rendre compte de l'aménagement. Attaché à la Station spatiale internationale, il offrira un confort de travail aux astronautes, qui pourront y faire des expériences d'une durée plus longue. Un énorme avantage, par rapport au laboratoire Spacelab, qui n'était opérationnel que pendant le vol de la navette dans laquelle il était placé.

de l'air. Dans le vide spatial, le caillou et la plume arriveraient en même temps. Pour simuler ce vide, il existe des tours du haut desquelles on jette une "cabine" remplie d'expériences. Une sorte d'accélérateur est là pour compenser le freinage naturel de l'atmosphère. La plus haute tour est au Japon ; elle mesure 500 m.

Pourquoi le laboratoire Columbus ne ressemble-t-il pas au laboratoire Spacelab ?

C'est vrai que Spacelab a l'air d'être en papier mâché et que Columbus ressemble plutôt à un coffre-fort. Mais Spacelab reste beaucoup moins longtemps dans le vide. Columbus, lui, est conçu pour affronter l'environnement spatial pendant 10 ans, grâce à une structure rigide recouverte de plusieurs couches d'isolant thermique. Sans oublier son blindage de protection contre les météorites et les débris spatiaux.

INCROYABLE !

- Depuis sa première mission en 1983, le laboratoire réutilisable Spacelab est parti 21 fois dans l'espace. Le laboratoire Columbus, qui devrait intégrer l'ISS en 2004, réalisera environ 500 expériences par an !

Les richesses de l'espace

- *L'espace est une mine d'or pour l'homme. L'explorer permet non seulement de découvrir d'autres mondes, mais de mieux connaître notre propre planète et d'améliorer la vie sur Terre.*
- *L'espace est un laboratoire sans pareil, qui permet, grâce à l'apesanteur et au vide, de mener à bien des expériences inenvisageables sur la Terre. C'est aussi une source inépuisable d'énergie et de matières premières.*
- *La conquête spatiale a donné lieu à des progrès technologiques extraordinaires. Ces techniques révolutionnaires appliquées à la vie sur Terre ont permis bien des améliorations de la vie quotidienne.*

Pourquoi vouloir capturer des astéroïdes ?

Parce que leur surface semble riche en métaux ou en silice. Une fois l'astéroïde capturé, on pourrait exploiter cette matière première. De la même manière, on pourrait extraire du fer du sol de Mars ou utiliser l'oxygène qui se trouve en grande quantité dans les roches lunaires. Une fois liquéfié, l'oxygène pourrait servir de carburant (propergol) aux vaisseaux spatiaux...

Comment peut-on utiliser l'énergie du Soleil ?

Nous consommons de plus en plus d'énergie, et celle-ci est non seulement très coûteuse mais aussi très polluante. L'idée est donc d'exploiter l'énergie du Soleil en capturant la lumière de ses rayons et en la transformant en électricité, comme on le fait déjà pour alimenter les stations spatiales, les satellites ou des maisons solaires, à la différence près que la quantité fournie sera beaucoup plus importante.

Comment les pommes chips atterrissent-elles dans leur sac ?

Tout en douceur... Comme la sonde Huygens, qui va atterrir en 2004 sur Titan, le satellite naturel de Saturne. Pour Huygens comme pour les chips, il faut concilier vitesse et sécurité de la descente. Pas question que les chips s'écrasent au fond du sachet. C'est une petite entreprise spécialisée dans l'aérodynamique des engins spatiaux qui a mis au point une nouvelle machine capable d'empaqueter rapidement les chips sans les casser.

Comment empêche-t-on la buée de se déposer sur les lunettes de ski ?

C'est le même procédé qui a été utilisé à l'occasion des vols des capsules Apollo. Il fallait trouver un système qui empêche l'humidité due à la chaleur du corps de l'astronaute de se condenser et de se déposer sur sa visière. La solution consistait à placer un chauffage électrique ou un ventilateur dans les visières. Cette technique a été mise au point sur des lunettes pour skieurs aux États-Unis.

Des scientifiques ont imaginé que l'on pourrait s'installer sur des astéroïdes pour en extraire les métaux qu'ils contiennent.

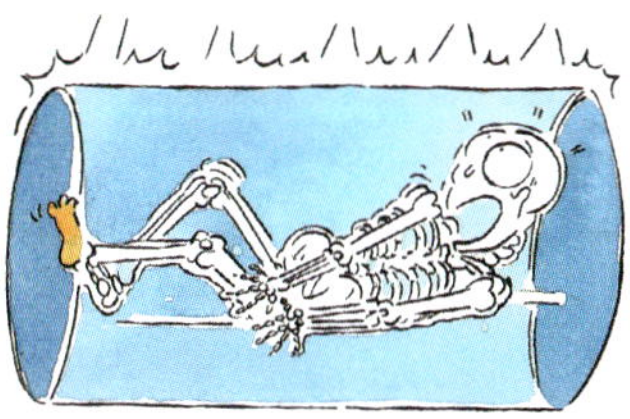

Comment un scanner voit-il parfaitement à l'intérieur du corps ?

Pour parvenir à fournir des images de haute précision, les scanners ont profité des recherches qui ont été faites pour améliorer la qualité des photographies prises de la Lune. Cette technique d'amélioration des images permet aujourd'hui aux médecins de donner des diagnostics à partir d'éléments plus fiables. C'est une technologie spatiale proche qui est utilisée aux caisses des supermarchés pour lire les codes-barres inscrits sur les produits.

INCROYABLE !

- Les films protecteurs qui recouvrent certains produits alimentaires sont dérivés de ceux que l'on place sur les satellites pour les préserver des variations de température.

Exploration de l'Univers

- *Les sondes et les satellites permettent aux astronomes de placer des instruments d'observation directement dans l'espace et d'observer l'Univers 24 heures sur 24. Débarrassés de l'écran que forme l'atmosphère autour de la Terre, ces observatoires permettent d'obtenir des images beaucoup plus précises du Soleil, des planètes, des étoiles, mais aussi de capter des lumières qu'il est impossible d'observer à partir du sol : rayons ultraviolets, infrarouges, X, gamma.*
- *Une fois les informations collectées, les satellites renvoient les données vers la Terre. Des ordinateurs sont alors chargés de les décoder afin que les astronomes puissent les étudier.*

Comment peut-on établir une carte des étoiles ?

En utilisant un satellite chasseur d'étoiles comme Hipparcos. Ce satellite est une création de l'ESA. De 1989 à 1993, il a mesuré avec une très grande précision la position, le mouvement, l'éclat apparent, l'éclat réel... de 118 218 étoiles. Avec de telles mesures, les astronomes pouvaient déterminer la distance réelle qui existe entre les étoiles et dessiner une carte du ciel en 3 dimensions. À partir de 2010, le satellite Gaia, lancé par Ariane 5, va observer 1 milliard d'étoiles !

Pourquoi envoie-t-on des sondes étudier le Soleil ?

Parce qu'il est important de comprendre notre étoile. Après tout, c'est elle qui fournit lumière et chaleur à notre planète. Le couple Terre-Soleil cohabite à une bonne distance, si bien qu'il ne fait ni trop chaud ni trop froid sur notre planète. Malgré sa distance, le Soleil nous joue des tours, par exemple en perturbant des émissions télévisées ou des centrales électriques lors des orages magnétiques qui l'agitent.

Comment surveille-t-on les astéroïdes ?

Dans le passé, astéroïdes et comètes ont fait de terribles dégâts sur notre planète. Les scientifiques font de gros efforts pour détecter ces intrus. En Europe, 80 centres jouent les gendarmes de l'espace en chassant les astéroïdes. L'ESA étudie au moins deux projets qui contribueront à cette partie de chasse.

Après un voyage de 8 ans, la sonde Rosetta s'approchera à moins de 2 km de la comète de Wirtanen, située très loin du Soleil, et larguera un atterrisseur de 100 kg chargé de donner des informations sur la nature et la composition de l'astre qui nous permettront peut-être de mieux comprendre la formation du système solaire.

La sonde Rosetta, qui sera lancée en 2003, va passer près de deux astéroïdes en 2006 et en 2008, avant de se mettre en orbite autour de la comète Wirtanen en 2011. Il y a aussi Gaia, qui pourra débusquer les astéroïdes.

Pourquoi n'a-t-on pas encore visité la planète Pluton ?

Parce qu'on ne peut pas explorer toutes les planètes en même temps et que Pluton est la plus éloignée de la Terre. Il faut faire un sacré bout de chemin pour aller jusqu'à elle. Il est prévu que la mission américaine Pluto-Kuiper Express sera lancée en 2004-2006. L'arrivée de la sonde sur Pluton est annoncée pour l'année 2012 !

INCROYABLE !

- La sonde Voyager 2 est déjà à plus d'un milliard de kilomètres de la Terre. Pour prolonger sa mission, les ingénieurs de la NASA ont changé à distance les logiciels placés à bord.

Météorologie

Depuis des siècles déjà, les hommes se préoccupent de savoir s'il y aura du soleil ou de la pluie.

C'est au XIXe siècle que la météo devient une science. L'une de ses principales activités est de connaître l'humeur du ciel. Aujourd'hui, des satellites aident les météorologues à faire leurs prévisions. Du haut de leur orbite, ils scrutent l'atmosphère terrestre, puis ils envoient leurs informations aux superordinateurs des stations au sol, qui vont calculer les différentes façons dont le temps peut évoluer. Ces prévisions sont précieuses pour beaucoup de monde.

Comment peut-on prévenir l'arrivée d'une coulée de boue ?

Grâce aux images en relief. Le satellite Spot 5, par exemple, est situé à environ 800 km d'altitude. Il est capable non seulement de distinguer sur Terre des détails de 2,50 m, mais en plus de fournir des images en relief qui permettent de visualiser les glissements de terrain, les coulées de boue et même les mouvements des volcans qui entrent en activité.

Comment fait-on pour prévoir le temps ?

On observe chaque jour, au même moment sur toute la Terre, la température, la pression atmosphérique, les nuages, la pluie, la visibilité. On ajoute à ces observations celles qui ont été faites par les satellites géostationnaires, les fameuses sentinelles qui se tiennent toujours au-dessus de la même partie de la Terre. On met tous ces renseignements dans les ordinateurs des centres d'analyse, et le tour est joué. Il ne reste plus aux ingénieurs prévisionnistes qu'à peaufiner les résultats.

Pourquoi ne peut-on pas changer le temps ?

On y pense ! Ne croyez pas que les météorologues veulent jouer les apprentis sorciers en faisant la pluie ou le beau temps. L'idée est beaucoup plus raisonnable : il s'agit de tempérer les changements du climat. On imagine même pour le futur une technologie spatiale qui permettrait de discipliner le ciel. On placerait en orbite d'énormes appareils réfléchissants qui pourraient contrôler la lumière et la

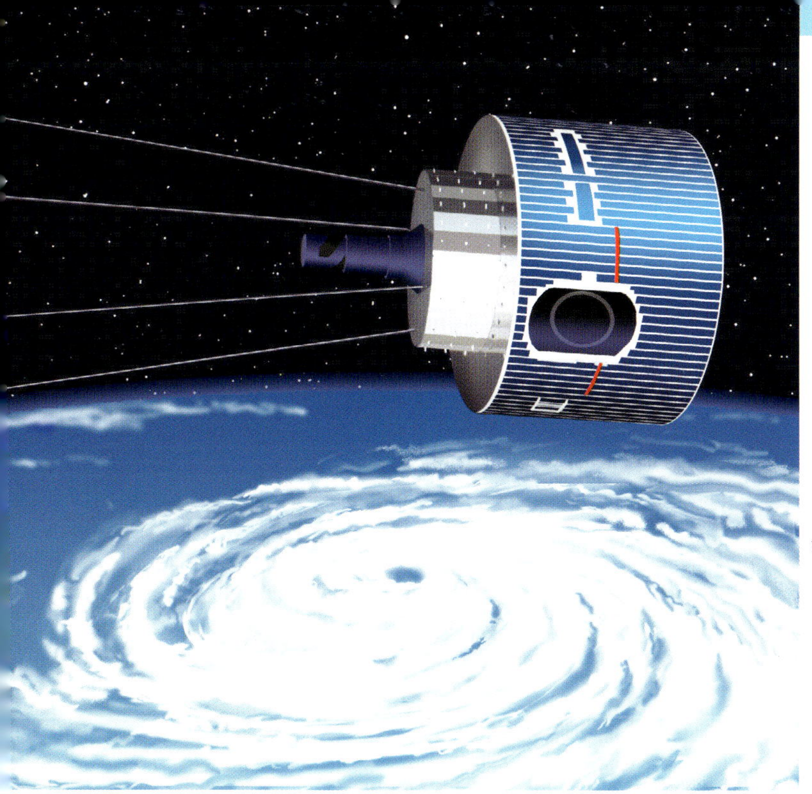

Le satellite météorologique peut suivre la formation d'un cyclone et donner des informations précieuses qui vont permettre de savoir où il passera.

chaleur du Soleil, et même, s'il le faut, la retourner à l'envoyeur. Selon les besoins, ces appareils augmenteraient ou diminueraient le rayonnement solaire envoyé sur certaines régions de la Terre.

pourquoi ne peut-on pas arrêter un cyclone ?

L'arrêter ou le dévier ? Les satellites n'ont pas ce pouvoir, hélas ! Mais en enregistrant la formation du cyclone et en suivant sa progression heure par heure, le satellite permet de prévenir les populations qui se trouvent dans les régions vers lesquelles il se dirige. Les gens se mettent à l'abri et les secours se tiennent prêts à intervenir.

Avant 1950, pour nommer les cyclones, on prenait l'année où il se produisait, puis une lettre de l'alphabet, le premier cyclone de l'année ayant la lettre A, etc. Par la suite, on s'est rendu compte qu'en donnant des prénoms on risquait moins de se tromper !

INCROYABLE !

- Chaque région attribue un nom aux cyclones qui éclatent sur son territoire. Le nom du premier cyclone de l'année commence toujours par A, le second par B, etc. en alternant un nom masculin et féminin.

L'observation de la Terre

- *Rapides, discrets, capables de survoler des régions auxquelles on accède difficilement comme les déserts, les océans ou les régions polaires, les satellites ont toutes les qualités requises pour observer la Terre. En s'élevant au-dessus du sol, ils ont une vue d'ensemble de la planète. Cependant, plus ils s'en éloignent, moins ils voient les détails.*
- *Deux types de satellites complémentaires sont utilisés : les satellites géostationnaires, situés à des milliers de kilomètres du sol, qui peuvent observer en permanence des régions très éloignées les unes des autres, et les satellites qui tournent plus près du sol et distinguent les détails avec précision.*

Pourquoi veut-on voir les icebergs ?

Pour étudier le réchauffement de la planète. Au cours des 50 dernières années, la température moyenne de la Terre a déjà beaucoup augmenté, et l'on estime que le réchauffement va s'accroître durant le XXIe siècle. La fonte des glaces dans les régions polaires est préoccupante, car elle entraîne la hausse du niveau des mers. Les régions côtières risquent d'être inondées et le climat de la planète tout entière de se trouver modifié. En mars 2002, le satellite Envisat a observé l'effondrement d'une banquise de 3 250 km^2 dans l'Antarctique !

Comment peut-on étudier les océans à partir d'un satellite ?

Le satellite ne se contente pas de photographier l'océan. Un satellite comme ERS-1, par exemple, est capable de mesurer la hauteur des vagues, la force du vent, sa direction et même la température à la surface des océans. Grâce à ses informations, les scientifiques en savent toujours plus sur le mouvement des océans.

Pourquoi ne voit-on pas les frontières sur les images de l'espace ?

Parce que les frontières inventées par l'homme sont des délimitations strictement imaginaires, excepté aux

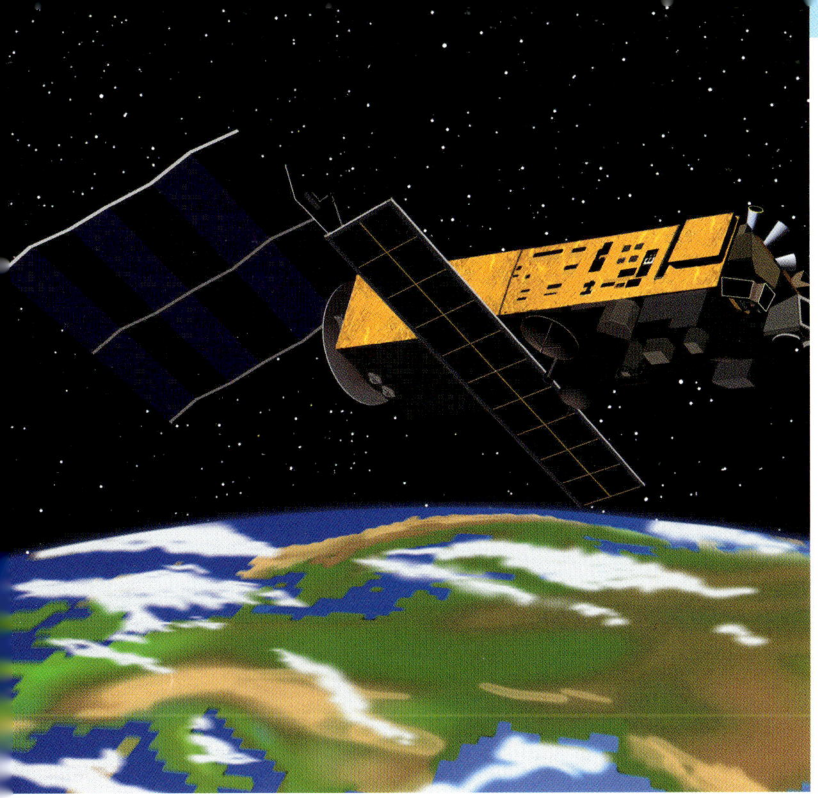

Chacun des objets observés, plantation, eau ou bâtiment, renvoie une lumière qui lui est propre. C'est en quelque sorte sa carte d'identité. Les capteurs à bord des satellites enregistrent les informations qui vont permettre de déterminer la nature des objets observés. Tout de même, il peut être parfois difficile de différencier certains types de plantes. D'ailleurs, la même plante ne montre pas la même carte d'identité si elle est toute jeune ou déjà grande.

Le satellite Envisat observe la Terre. Bourré d'instruments, il est capable, par exemple, de surveiller les courants océaniques et les vents.

endroits où elles sont matérialisées par des barrières ou par des murs, comme c'était le cas autrefois en Chine avec la Grande Muraille.

Comment peut-on reconnaître ce qui pousse dans un champ à partir d'un satellite ?

Les instruments installés à bord du satellite " éclairent " les champs, les forêts, les rivières placés dans la zone qu'ils doivent étudier.

INCROYABLE !

● Les satellites de l'ESA sauveront peut-être les gorilles du Congo, car ils vont surveiller l'abattage des arbres dans leurs forêts et l'installation des campements interdits qui les perturbent.

Navigation et localisation

- *Grâce au système de navigation par satellites, il est possible de savoir à tout moment où se trouvent les bateaux, les avions, les trains...*
- *Le premier système de navigation est né aux États-Unis dans les années 1970 : c'est le GPS (Global Positioning System). À cette époque, le système répond à des besoins militaires. Depuis 1983, les civils ont accès à ses services. Les satellites de navigation peuvent mesurer, n'importe quand et n'importe où, la position d'un véhicule ou d'une personne portant un appareil de réception. Ce système offre de nombreuses possibilités : guider les avions ou les voitures, suivre les trains, les bus, contrôler la circulation ou la navigation maritime...*

Comment peut-on suivre le déplacement des animaux ?

Grâce aux émetteurs qui sont placés sur eux. Ces petits engins indolores sont fixés sur un collier ou un bracelet que l'on a placé à une de leurs pattes ou à leur cou. Les signaux qu'ils émettent permettent aux satellites de suivre la trace de l'animal. Connaître les lieux où se reproduisent et hivernent les animaux permet de mieux les protéger, ainsi que leur environnement.

Comment fait-on pour savoir qui est en train de gagner une course en mer ?

Il n'y a qu'à lire les rapports des balises Argos... Chaque voilier participant à la course embarque une balise à son bord. Celle-ci émet régulièrement des messages qui sont captés par un satellite placé à une altitude de 850 km. Le satellite retransmet le message au centre de traitement, qui calcule la position exacte du bateau. Le résultat est connu dans les 15 min qui suivent le passage du satellite.

Comment sait-on que quelqu'un a besoin d'aide ?

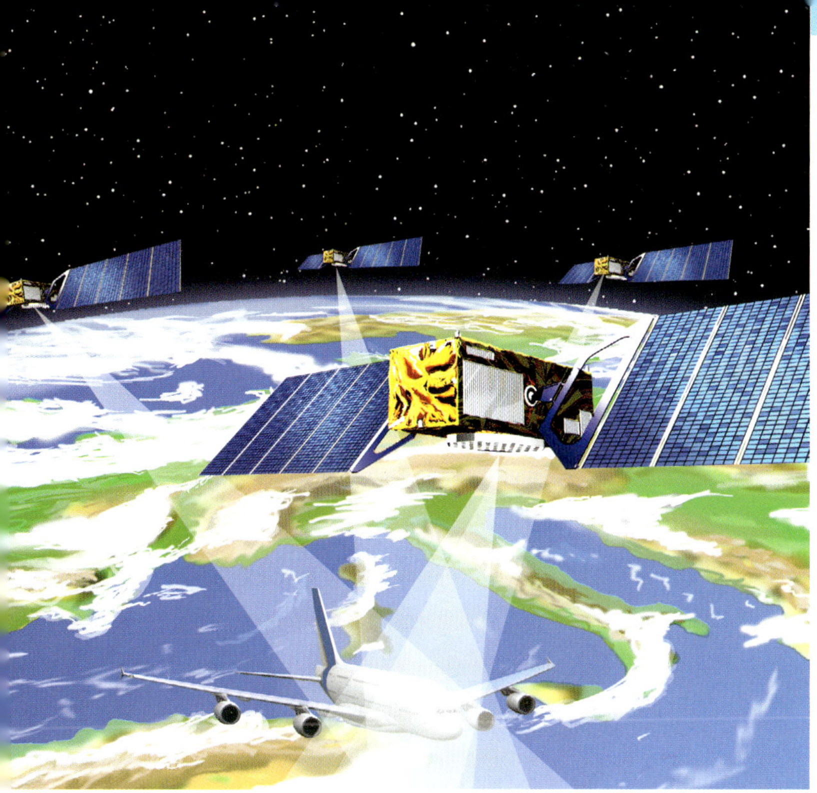

Il ne faut pas moins de 4 satellites pour guider un avion et lui donner les informations indispensables à un vol en toute sécurité.

Les satellites sont capables de déterminer la position d'une balise de détresse ou d'un récepteur. Il suffit que son propriétaire appuie sur la touche SOS pour que les secours s'activent.

Comment fait-on pour éviter que les avions se rentrent dedans ?

On ne laisse pas les avions voler où bon leur semble. Dans les airs, il existe, comme sur Terre, des routes qu'il faut suivre obligatoirement. Le trafic aérien grandissant sans cesse, il faut des moyens de plus en plus sophistiqués pour le contrôler. À partir de 2008, l'Europe va proposer ses services pour mener les avions à bon port.

Les avions sont équipés d'un système anti-collision guidé par des satellites, qui peut à tout moment les obliger à monter ou descendre pour éviter une collision avec un autre appareil. Le système de navigation européen Galileo va ainsi pouvoir concurrencer le fameux GPS américain. Galileo guidera les avions en vol lors de l'approche de l'aéroport et jusqu'au moment de l'atterrissage.

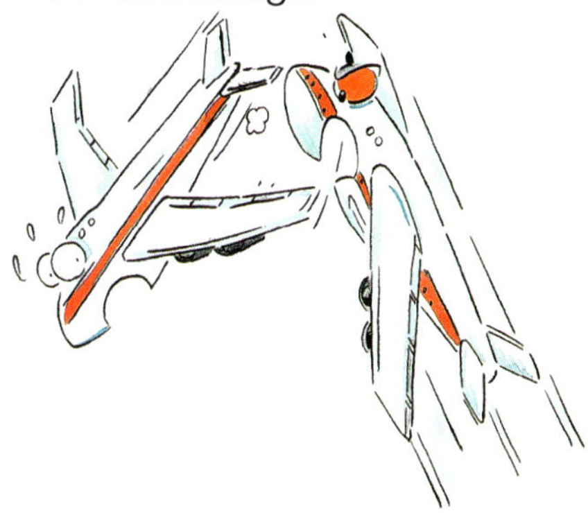

INCROYABLE !

- Avec le système complet de navigation européen Galileo, ce sont 30 satellites, (on appelle cela une constellation de satellites), qui vont se déployer au-dessus de nos têtes, à 23 616 km d'altitude.

Télécommunications

Aujourd'hui, les hommes veulent communiquer tout le temps, toujours plus loin et quel que soit l'endroit où ils se trouvent. Pour s'échanger les informations à distance, on utilise les ondes radioélectriques. Ces ondes invisibles parcourent des distances considérables et transmettent les sons, les images et beaucoup d'autres formes d'informations. Ces ondes vont en ligne droite de l'émetteur au récepteur. Comme la Terre est ronde et couverte de bosses, il est impossible d'obtenir une bonne communication entre Berlin et Lisbonne. Il faut donc construire une chaîne de relais, chaque relais devant voir ses voisins. Les satellites sont les relais idéaux. Situés à 36 000 km d'altitude, 3 satellites géostationnaires suffisent pour voir la Terre en entier.

Comment faisait-on avant le satellite pour relier les continents ?

Les ondes circulaient d'un continent à l'autre à l'intérieur de câbles sous-marins installés sous les océans. Mais les informations à transmettre étant de plus en plus nombreuses, la circulation des ondes était de plus en plus difficile dans les câbles, créant même de véritables embouteillages ! Les satellites ont soulagé les câbles d'une partie de leur travail.

Comment fonctionne le téléphone par satellite ?

On peut imaginer une route à double sens. Tout au bout de la route, il y a la personne qui téléphone (l'émetteur) ; à l'autre extrémité, il y a la personne qui reçoit l'appel téléphonique (le récepteur) ; entre les deux, il y a le satellite qui règle la circulation. Les sons envoyés par l'émetteur circulent sur une voie (la fréquence), ceux que renvoie le récepteur circulent sur l'autre voie (la fréquence).

Pourquoi peut-on voir la télévision même quand il y a des nuages ?

Heureusement, les fameuses ondes radioélectriques qui transmettent les images traversent sans encombre les couches nuageuses.

Comment un satellite peut-il transmettre plusieurs chaînes à la fois ?

Le satellite réussit le tour de force de capter un grand nombre de programmes télévisés en même temps. Chaque programme est

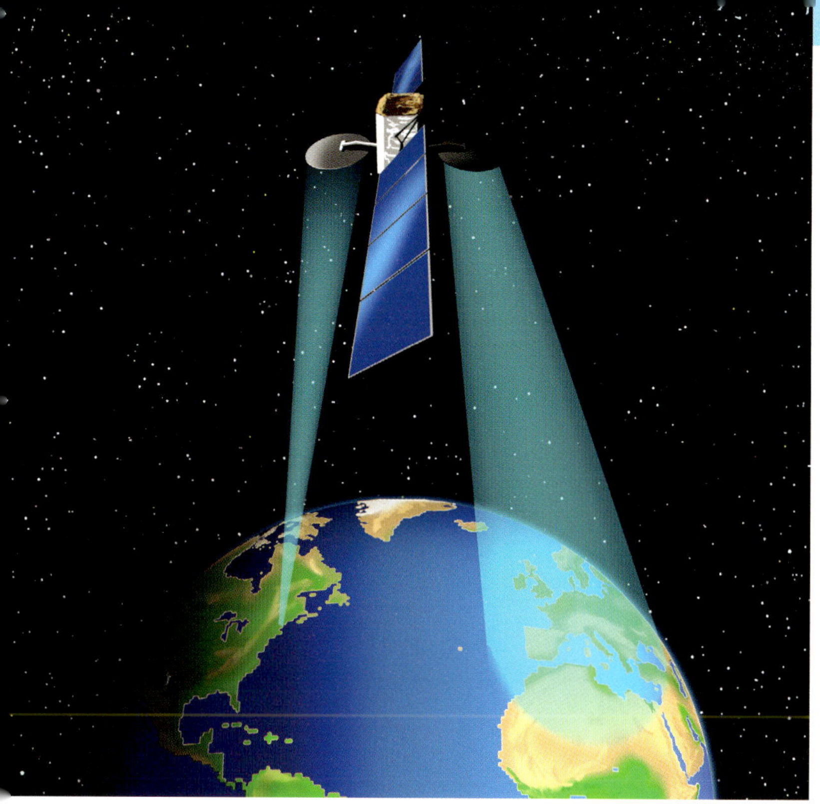

Les satellites de télécommunications sont souvent géostationnaires, c'est-à-dire qu'ils tournent à la même vitesse que la Terre et permettent ainsi de transmettre, par exemple en Europe, les images d'un évènement qui se passe en direct au États-Unis.

transmis par une onde radioélectrique. On peut imaginer une gigantesque autoroute de l'espace où tout serait fait pour faire circuler le maximum d'ondes, tout en évitant les carambolages. Chaque onde suit sa propre voie (fréquence) pour arriver jusqu'au satellite puis redescendre vers la Terre.

Comment les gens qui habitent dans le désert font-ils pour voir la télévision ?

Il suffit d'avoir une antenne satellite et un téléviseur. Le satellite se charge de transmettre les émissions. C'est ainsi qu'un peu partout dans le monde, de New York jusqu'au fin fond du Sénégal, des milliards de téléspectateurs peuvent suivre en même temps la Coupe du monde de football. Cet équipement simple permet également à des villages reculés, d'Inde ou d'ailleurs, de recevoir des programmes concernant la santé, l'hygiène ou encore les techniques agricoles...

INCROYABLE !

- Le premier satellite de télécommunications, Telstar, fut lancé en 1962 par les Américains. Il ne pouvait transmettre que 12 communications à la fois entre l'Amérique du Nord et l'Europe !

Domaine médical

- *La médecine progresse grâce aux recherches menées dans l'espace. Non seulement les outils des médecins s'améliorent, mais on découvre de nouvelles façons de traiter les maladies ou de les prévenir.*
- *La micropesanteur (du grec "mikros", "petit") rend possible des expériences inimaginables sur la Terre et facilite certaines manipulations. Ces expériences appartiennent en général à la recherche fondamentale, c'est-à-dire qu'il s'agit de chercher à comprendre certains phénomènes avant de savoir comment utiliser les découvertes qui seront faites.*

pourquoi grandit-on quand on va dans l'espace ?

Sur notre planète, nous sommes tous soumis à l'attraction terrestre. Notre colonne vertébrale se tasse. Mais, dans l'espace, c'est l'inverse. La colonne vertébrale peut se déployer comme un accordéon, les vertèbres s'écartent les unes des autres. Certains astronautes peuvent grandir de 7 cm.

pourquoi a-t-on payé des gens pour rester au lit pendant 3 mois ?

Un premier " Loft Story " de l'espace a été organisé en 2001 avec 14 volontaires. En 2002, l'ESA, le CNES (France) et la NASDA (Japon) ont remis ça en faisant appel, cette fois, à 11 volontaires âgés de 26 à 35 ans. Les candidats sélectionnés sont restés au lit pendant 3 mois sans jamais se lever, ni pour manger, ni pour aller aux toilettes, ni pour utiliser un ordinateur. Pendant cette longue période, ils ont subi de nombreux tests, entre autres sur les muscles et les os.

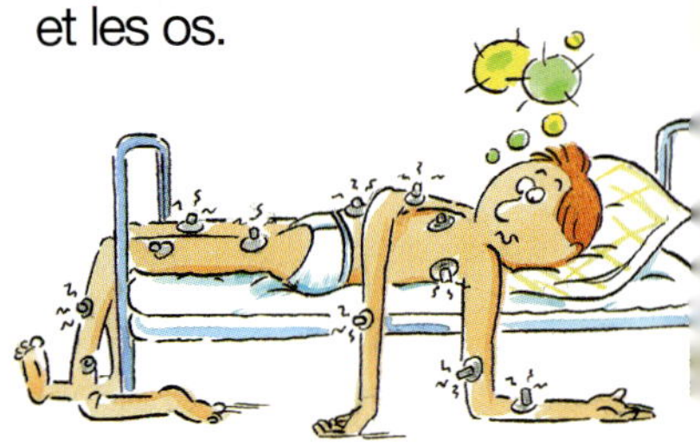

Cette expérience très sérieuse n'a pas eu lieu dans l'espace, mais elle a simulé les conditions de vie d'un astronaute qui fait un long séjour dans une station spatiale. On a vu que ces séjours prolongés en apesanteur avaient

Les expériences réalisées dans les laboratoires spatiaux en apesanteur permettent de faire de nombreux progrès dans le domaine médical.

des conséquences sur l'organisme des astronautes, leurs muscles fondaient et leurs os devenaient plus fragiles. Les gens qui restent alités très longtemps à cause d'un accident ou d'une maladie ont les mêmes troubles. Cette expérience va ainsi permettre de mieux comprendre les risques d'un alitement prolongé et de les éviter.

Comment les méthodes employées pour surveiller la santé des astronautes peuvent-elles être appliquées sur Terre ?

Prenons l'exemple des capteurs que l'on utilise dans l'espace pour veiller sur la santé des astronautes en sortie dans le vide spatial. Ce système a été adapté sur Terre à la surveillance de certains bébés. En effet, il arrive que des nourrissons meurent alors qu'ils sont en train de dormir. Les médecins ne comprennent pas pourquoi cela arrive. On a donc adapté les techniques de surveillance des astronautes et créé un pyjama très spécial pour ces bébés. Ce pyjama équipé de capteurs permet de surveiller les battements de leur cœur pendant qu'ils dorment et d'éviter la mort subite.

INCROYABLE !

- Certains alliages de matériaux utilisés dans le domaine spatial peuvent être tordus à une certaine température et retrouver leur forme initiale quand on les chauffe. Ils servent à rectifier la position des dents.

Écologie dans l'espace

Une station spatiale est comme un grand paquebot flottant au milieu d'un océan de vide. Il doit tout transporter avec lui pour que son équipage puisse manger, boire, respirer. Il est possible de le ravitailler en orbite, mais cela coûte très cher. Il ne faut donc rien gaspiller. Dans le corps humain, le sang circule dans les vaisseaux, les veines, les artères. La Station spatiale internationale cache elle aussi une incroyable tuyauterie dans laquelle circulent des liquides et des gaz indispensables à la survie des astronautes, mais l'espace ne doit pas être pollué et tous les déchets qui ne peuvent pas être recyclés sont désintégrés.

Comment fait-on pour avoir de l'air frais ?

La station est comme une bouteille fermée par un gros bouchon. Impossible d'ouvrir le goulot pour la remplir d'air frais. C'est de l'air pressurisé qui circule dans les tuyaux, tandis que les ventilateurs font la chasse au gaz carbonique. Pour être sûr que l'air de la station est sain, on analyse régulièrement les gaz qu'il contient.

Comment est l'eau que l'on boit ?

Dans l'espace, rien ne se perd, tout se transforme. L'eau que boivent les astronautes, c'est du pipi entre autres ! Quand l'équipage et les animaux à bord de la station urinent, le pipi est aussitôt récupéré et purifié avant de retourner dans les tuyaux. Mais rassurez-vous, là-haut, on ne rigole pas avec les microbes ; l'eau y est plus pure que celle que nous buvons sur Terre. C'est la vie de la station qui en dépend.

Comment peut-on faire d'autres économies ?

Comme nous, les astronautes transpirent. Eh bien, on récupère leur sueur et également l'eau qu'ils rejettent dans l'air en respirant ! Pas une goutte ne se perd.

À l'intérieur de l'ISS tout est fait pour économiser l'eau. La moindre goutte de liquide, urine ou sueur par exemple, est récupérée et purifiée, pour être réutilisée.

Comment fonctionnent les machines de purification ?

Finalement, le système de purification de l'eau fonctionne un peu comme sur la Terre. Parce que, si l'on réfléchit bien, la pluie qui tombe sur nos têtes contient du pipi des animaux qui s'évapore dans l'atmosphère, se condense et retombe sur Terre en laissant derrière lui toutes ses impuretés. Les machines de purification qui existent dans les stations spatiales imitent donc ce qui se passe sur notre planète. Il y a des filtres qui mettent de côté les débris et les impuretés, puis ce sont les bactéries et les virus qui sont éliminés. Une fois l'eau passée par la machine, les astronautes peuvent la boire en toute sécurité.

Comment fait-on pour vider les poubelles ?

Pas question de sortir les poubelles en attendant le passage des éboueurs, ni d'ailleurs de tout balancer par la fenêtre. C'est le vaisseau ravitailleur, venu plus tôt apporter des vivres et du matériel, qui joue le “ camion poubelle ” de l'espace. Lorsque le vaisseau est vide, on y entrepose les déchets de la station spatiale.

INCROYABLE !

- On consomme en moyenne 50 l d'eau pour prendre une douche, dans l'espace, on se lave avec moins de 4 l, économie oblige. La station est un modèle de maison écologique. Et si nous prenions exemple sur elle ?

Le futur dans l'espace

- *" E.T. ", " Mars Attacks "... beaucoup de films décrivent la vie dans l'espace. Il y a aussi des bandes dessinées, des livres de science-fiction. Et à la vitesse où la technologie progresse, tout ce qui est dit pourrait bientôt être vrai. Quand on pense à l'espace, on imagine aussi Luke Skywalker luttant contre le terrible Dark Vador. Et si la "Guerre des étoiles" avait lieu ?*
- *En 1983, le président des États-Unis, Ronald Reagan, décidait de mettre en place un bouclier spatial au-dessus de son pays : en cas d'attaque de missiles ennemis, les satellites devraient répliquer avec des projectiles ou des faisceaux laser.*

Comment pourraient être les villes sur Mars ?

Si, comme le pensent certains spécialistes, il existe de l'eau sous le sol de Mars, cela faciliterait la vie de l'homme sur la planète rouge. On pourrait construire des villes sous des collines, de manière que le sol serve de bouclier aux rayons du Soleil et aux météorites. Pour fabriquer de l'électricité, on utiliserait d'immenses panneaux solaires. L'oxygène serait fourni par un gaz, le dioxyde de carbone, qui est présent dans l'atmosphère très légère de Mars, mais aussi par les arbres que l'on planterait. Ainsi, à l'intérieur de ces bulles géantes, on n'aurait pas besoin de porter de scaphandre.

Comment y cultiverait-on des plantes ?

Elles grandiraient sous des serres. Mais pour qu'elles puissent pousser, il faudrait enrichir le sol, pauvre en éléments nutritifs. On fabriquerait des fertilisants avec une matière présente dans le sol martien : le nitrate.

Comment ira-t-on dans l'espace?

Pourquoi pas avec un téléphérique ou, mieux encore, un ascenseur spatial ! Les scientifiques ont imaginé un câble gigantesque capable de relier la Terre à une station spatiale. Cette station serait placée en orbite géostationnaire (36 000 km d'altitude) de manière que

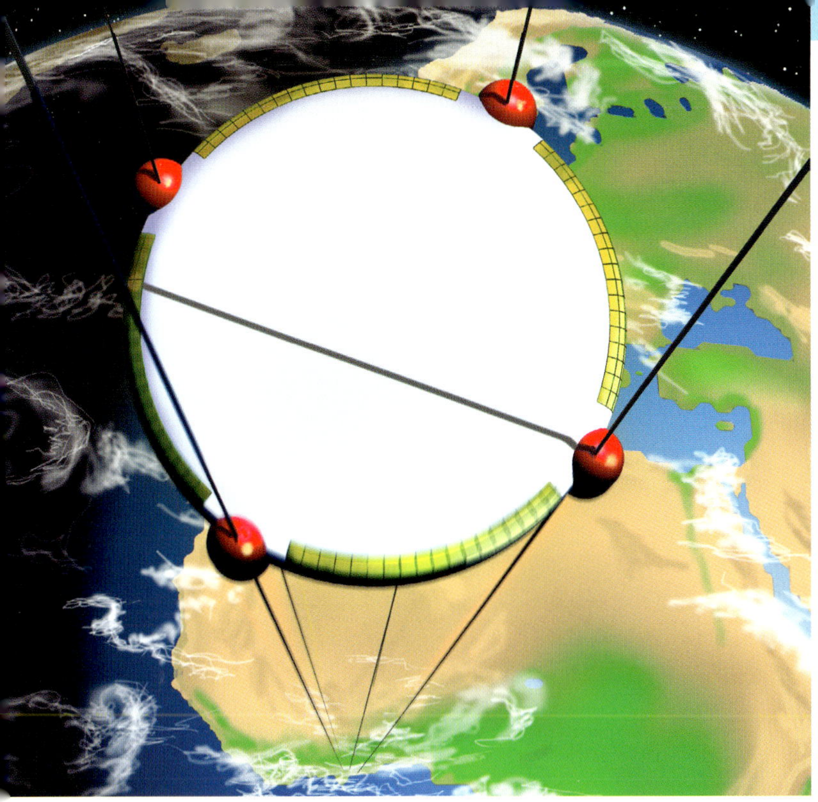

les deux extrémités du câble demeurent toujours en face l'une de l'autre. Ce câble serait fabriqué avec un matériau 100 fois plus solide que l'acier et 6 fois plus léger : le nanotube de carbone. Les voyageurs de l'espace prendraient place dans des cabines magnétiques qui circuleraient le long de ce câble. À une vitesse de 6 000 km/h, il faudrait compter 6 heures pour aller dans l'espace. Le gros problème, c'est qu'il faudrait envoyer 146 000 km de câble dans l'espace et que cela coûterait des centaines de milliards d'euros.

Vue du dessus de l'ascenseur pour l'espace. Un projet qui ne verra sûrement jamais le jour !

Comment jouera-t-on au football sur la Lune ?

La Lune n'est pas faite pour les footballeurs. Là-bas, le ballon ne retomberait jamais. Une fois lancé, il risquerait de disparaître dans le ciel.

Pourquoi ne ferait-on pas une base sur la Lune ?

On pourrait y faire décoller des fusées vers d'autres planètes. Avec une gravité plus faible, il serait plus facile de les propulser. La Lune ne serait pas le terminus, mais une simple étape sur la route des étoiles. Elle pourrait aussi servir d'observatoire.

INCROYABLE !

● Et si, comme l'Américain Brian Walker, nous construisions tous notre propre fusée ? Trêve de plaisanteries, de retour d'un stage à la Cité des étoiles, en Russie, cet ingénieur américain a entrepris de construire sa fusée.

Comment serait l'homme de l'espace ?

En vivant sans la gravité, l'homme changerait d'aspect. Comme le sang a tendance à monter, l'homme du futur aurait une grosse tête et un large thorax. En revanche, comme ses muscles n'auraient plus à lutter contre la pesanteur, il aurait de petites jambes maigrelettes.

Comment un homme supporterait-il le trajet Terre-Mars ?

Il ne suffit pas de construire un vaisseau spatial ultra-sophistiqué et d'y embarquer des astronautes. Encore faut-il qu'ils ne deviennent pas fous. Imaginez une famille au complet voyageant dans un camping-car, sur une route très dangereuse, sans jamais pouvoir ni s'arrêter, ni sortir du véhicule, ni ouvrir une fenêtre, obligée de partager la salle de bains, les repas, sans jamais bien dormir. Et, arrivée à destination, elle ne trouverait ni plage, ni forêt, ni cinéma, mais seulement de la terre rouge et un air irrespirable ! Peut-être ferait-elle mieux d'emporter avec elle un ordinateur qui écouterait chacun à son tour, le père, la mère et les enfants, et leur viendrait en aide. Les scientifiques travaillent déjà à ce robot psychologue capable de reconnaître la peur, la colère, la tristesse et bien d'autres émotions.

Pourquoi ne partirait-on pas en vacances dans l'espace ?

Après le vol, en 2001, du premier touriste spatial, le milliardaire américain Dennis Tito, la société MirCorp a déclaré qu'elle allait organiser des séjours en orbite pour amateurs de grand espace ! Mais pour s'offrir un ticket pour le ciel, il ne faudra pas seulement aimer les frissons, mais aussi avoir le porte-monnaie bien rempli. Les inscriptions pour ces colonies de vacances très spéciales débuteront en 2004.

Pourquoi n'y aurait-il pas d'hôtel dans l'espace ?

C'est un projet qui existe au Japon. Après tout, construire un hôtel dans l'espace devrait être plus facile que de fabriquer une station spatiale bourrée de technologie hypersophistiquée. Dans un hôtel, il faudrait surtout beaucoup de fenêtres pour admirer le paysage, un restaurant, un bar, un système d'air conditionné, des toilettes...

Pourquoi ne pas passer ses vacances dans un confortable hôtel au milieu des étoiles ? Rêve ou réalité, l'avenir nous le dira. Mais tous les projets envisagés sont des gouffres financiers.

et des chambres. Les Japonais ont donné à leur hôtel spatial la forme d'une roue de 140 m de diamètre. 64 clients pourraient s'y rendre en même temps. Ce serait vraiment le comble du chic.

Comment l'homme pourra-t-il se rendre sur les planètes les plus éloignées ?

Difficile pour l'homme de voyager pendant de longues années. Difficile aussi pour le vaisseau d'embarquer les quantités de vivres, d'eau, de matériel nécessaires à un tel voyage. Tout comme les auteurs de BD, les scientifiques ont imaginé d'endormir ces voyageurs du futur. Comme certains animaux, l'homme hibernerait.

INCROYABLE !

- Si vous rencontriez un extraterrestre, sauriez-vous quoi faire ? Ne cherchez pas et commencez par informer les autorités du pays où vous avez rencontré E.T.